HEYNE <

D1855092

DR. OETKER

DIE ALLERBESTEN

GRILL REZEPTE

KANINCHENRÜCKEN-SPIESSE MIT PFLAUMEN, CHAMPIGNONHÜTE PROVENZALISCH ...

WILHELM HEYNE VERLAG
MÜNCHEN

Vorwort

Gerichte zum Grillen im Freien, auf dem Holzkohlen- oder Elektrogrill, mal mit Fleisch, mal mit Fisch, mal vegetarisch. Die passenden Marinaden zum Einlegen und schmackhafte Saucen und Dips zum Essen.
Ob mediterran gegrillte Hähnchenbrust oder orientalischer Shish-Kebab, ob Lammtaschen, gefüllt mit Pfeffer und Rosmarin, gegrillte Lachsschnitten, buntes Paprikagemüse oder Austernpilze.
Hier finden Sie Rezepte, die sich gut vorbereiten lassen.
Und dann steht der Grillfete mit Freunden und netten Nachbarn nichts mehr im Weg.

Abkürzungen

EL	=	Esslöffel
TL	=	Teelöffel
Msp.	=	Messerspitze
Pck.	=	Packung/Päckchen
g	=	Gramm
kg	=	Kilogramm
ml	=	Milliliter
l	=	Liter
Min.	=	Minuten
Std.	=	Stunden
evtl.	=	eventuell
geh.	=	gehäuft
gestr.	=	gestrichen
TK	=	Tiefkühlprodukt
°C	=	Grad Celsius
Ø	=	Durchmesser
E	=	Eiweiß
F	=	Fett
Kh	=	Kohlenhydrate
kcal	=	Kilokalorien
kJ	=	Kilojoule

Hinweise zu den Rezepten

Die Rezepte sind für 4 oder für 8–10 Personen berechnet. Lesen Sie vor der Zubereitung das Rezept einmal vollständig durch. Oft werden Arbeitsabläufe oder -zusammenhänge dann klarer. Die in den Rezepten angegebenen Gartemperaturen und -zeiten sind Richtwerte, die je nach individueller Hitzeleistung des Grills über- oder unterschritten werden können. Beachten Sie die Gebrauchsanweisung des Herstellers.

Zubereitungszeiten

Die Zubereitungszeit ist ein Anhaltswert für die Zeit für Vorbereitung und die eigentliche Zubereitung, die Gar- bzw. Überbackzeiten sind gesondert ausgewiesen. Längere Wartezeiten wie z. B. Kühl- und Auftauzeiten sind nicht einbezogen.

Kapitelübersicht

Fleisch und Geflügel

Fisch und Krustentiere

Gemüse und Obst

Partygrillen

Nackensteaks und Hühnerbrust sind die Grundlage für höchsten Genuss.

Fleisch & Geflügel

Mixed Grill

4 Spieße

Zubereitungszeit: 45 Min.
Grillzeit: Koteletts etwa 12 Min.,Steaks und Spieße 10–12 Min.

Pro Portion:
E: 64 g, F: 21 g, Kh: 8 g, kJ: 1993, kcal: 475

- **4 kleine Schweinekoteletts (je etwa 150 g)**
- **4 kleine Schweinesteaks (je etwa 100 g)**
- **1 Schweinefilet (etwa 250 g)**
- **8 kleine Champignons**
- **6 mittelgroße Tomaten**
- **8 EL Olivenöl**
- **1 TL Paprikapulver edelsüß**
- **½ TL Fenchelsamen**
- **frischer grob gemahlener Pfeffer**
- **1 Gemüsezwiebel**
- **4 Rosmarinstängel**
- **Salz**

Außerdem:

- **4 Metall- oder Holzspieße**

1 Das Fleisch unter fließendem kalten Wasser abspülen, trockentupfen. Schweinefilet in 6–8 etwa 1½ cm dicke Scheiben schneiden.

2 Champignons putzen, mit Küchenpapier abreiben, evtl. abspülen und trockentupfen. Tomaten waschen und abtrocknen. Stängelansätze entfernen. 2 Tomaten vierteln. Die restlichen Tomaten beiseite legen.

3 Öl mit Paprikapulver verrühren. Koteletts und Schweinesteaks von beiden Seiten damit bestreichen. Koteletts mit Fenchelsamen und Steaks mit Pfeffer bestreuen.

4 Zwiebel abziehen, vierteln und die Viertel nochmals quer halbieren. Rosmarinstängel abspülen, trockentupfen und in kleinere Stücke zupfen.

(Fortsetzung Seite 10)

5 Abwechselnd Filetscheiben, Champignons, Zwiebel- und Tomatenstücke auf die Spieße stecken. Spieße mit Paprikaöl bestreichen und mit Pfeffer bestreuen.

6 Beiseite gelegte Tomaten an der runden Seite kreuzweise einschneiden. Tomaten ebenfalls mit Paprikaöl bestreichen, kleine Rosmarinstängel hineinstecken.

7 Das Fleisch und die Spieße auf den heißen Grill legen. Die Koteletts etwa 12 Minuten, die Steaks und Spieße 10–12 Minuten unter Wenden grillen. Für die Tomaten ein Stück von dem Grillrost mit Alufolie belegen und die Tomaten etwa 10 Minuten grillen. Tomaten während des Grillens nochmals mit Öl bestreichen.

8 Koteletts, Steaks und Spieße nach dem Grillen mit Salz bestreuen, die Tomaten mit Pfeffer würzen.

■ **Beilage:**
Gemischter Salat, Kräuterbutter und Fladenbrot.

Spareribs

4 Portionen

Zubereitungszeit: 35 Min., ohne Marinierzeit
Grillzeit: 15 – 20 Min.

Insgesamt:
E: 48 g, F: 30 g, Kh: 42 g, kJ: 2811, kcal: 671

- **1 kg Schweinerippe**
- **175 ml Ahornsirup**
- **2 EL brauner Zucker**
- **1½ EL Tomatenketchup**
- **1 EL Essig**
- **1 EL Worcestersauce**
- **½ TL Salz**
- **frisch gemahlener Pfeffer**
- **½ TL Senfpulver**

1 Das Fleisch in 2–3 Stücke teilen, unter fließendem kalten Wasser abspülen und trockentupfen.

2 Ahornsirup mit Zucker, Tomatenketchup, Essig, Worcestersauce, Salz, Pfeffer und Senfpulver verrühren und zum Kochen bringen.

3 Die Marinade über die Rippchen geben, 2–3 Stunden im Kühlschrank marinieren.

4 Die Spareribs etwas trockentupfen und anschließend auf den heißen Grillrost legen. 15–20 Minuten grillen, zwischendurch mit Marinade bestreichen.

■ **Beilage:**
Folienkartoffeln.

■ **Tipp:**
Die letzten 5 Minuten einige Zucchinischeiben mitgrillen. Die Spareribs können auch über Nacht mariniert werden.

■ **Abwandlung:**
Statt des Ahornsirups kann auch 100 g Honig und 100 g Tomatenketchup verwendet werden. Die Sauce dann nach dem Grillen evtl. nochmals abschmecken, durch ein Sieb geben und vor dem Servieren einmal aufkochen.

Gegrillte Nackenkoteletts

4 Portionen

Zubereitungszeit: 20 Min., ohne Marinierzeit
Grillzeit: etwa 10 Min.

Pro Portion:
E: 37 g, F: 20 g, Kh: 1 g, kJ: 1368, kcal: 327

- **4 dünne Schweinenackenkoteletts (je etwa 180 g)**

Für die Marinade:
- **2 Zwiebeln**
- **1–2 Knoblauchzehen**
- **1–2 EL mittelscharfer Senf**
- **frisch gemahlener Pfeffer**
- **3–4 EL Olivenöl**
- **Salz**

1 Nackenkoteletts unter fließendem kalten Wasser abspülen und trockentupfen.

2 Für die Marinade Zwiebeln und Knoblauch abziehen. Zwiebeln zuerst in Scheiben schneiden, dann in Ringe teilen. Knoblauch durch eine Knoblauchpresse drücken.

3 Senf mit Knoblauch verrühren und die Koteletts dick von beiden Seiten damit bestreichen, mit Pfeffer bestreuen. Koteletts in eine flache Schale legen und mit Zwiebelringen belegen. Olivenöl auf die Koteletts träufeln. Koteletts zugedeckt für 1–2 Stunden in den Kühlschrank stellen.

4 Koteletts aus der Marinade nehmen, die Zwiebeln abstreifen. Koteletts auf dem heißen Grill von beiden Seiten etwa 5 Minuten grillen. Koteletts mit Salz bestreuen. Zwiebeln nach Belieben ebenfalls grillen, den Grillrost dazu mit Alufolie bedecken. Gegrillte Zwiebeln mit den Koteletts servieren.

■ Beilage:
Fruchtiges Zwiebel-Knoblauch-Chutney (ergibt etwa 2 Gläser zu je 200 ml):
Dafür 250 g Pfirsiche (vorbereitet gewogen) abwaschen, kurz in kochendes Wasser legen und in kaltem Wasser abschrecken. Pfirsiche vierteln, entsteinen, enthäuten, 250 g abwiegen und pürieren. 250 g Zwiebeln (vorbereitet gewogen) abziehen, halbieren, fein würfeln und 250 g abwiegen. 60 g Frühlingszwiebeln (vorbereitet gewogen) putzen, waschen, abtropfen lassen, in feine Ringe schneiden und 60 g abwiegen. 25 g Knoblauch (vorbereitet gewogen) abziehen, 25 g abwiegen und durch eine Knoblauchpresse geben oder sehr fein würfeln. Zwiebeln, Frühlingszwiebeln, Knoblauch, Pfirsichpüree, 10 g Senfkörner und 60 ml Apfelessig in einem Topf unter Rühren etwa 5 Minuten dünsten. 1/4 Pck. (125 g) Extra Gelier Zucker hinzufügen und gut verrühren. Alles unter Rühren zum Kochen bringen und 5 Minuten unter ständigem Rühren kochen lassen. Mit 1/2 gestr. TL Salz und 1/4 TL gemahlener weißer Pfeffer abschmecken und alles nochmals unter Rühren aufkochen lassen. Chutney von der Kochstelle nehmen und sofort randvoll in vorbereitete Gläser füllen. Die Gläser mit Twist-off-Deckeln® verschließen, umdrehen und etwa 5 Minuten auf dem Deckel stehen lassen.

Gefülltes Schweinefilet

Foto – 4 Portionen

Zubereitungszeit: 40 Min.
Grillzeit: 20–25 Min.

Pro Portion:
E: 40 g, F: 20 g, Kh: 6 g, kJ: 1566, kcal: 373

- **2 Schweinefilets (je 300 g)**
- **2 EL Kräutersenf**
- **150 g Kräuterfrischkäse**
- **4 Schalotten**
- **je ½ Bund Schnittlauch, Petersilie und Estragon**
- **Salz**
- **Pfeffer**
- **2 EL Sojaöl**

1 Filets unter fließendem kalten Wasser abspülen, trockentupfen und in jedes Filet längs eine Tasche einschneiden, so dass die Filets auseinandergedrückt werden können.

2 Senf und Frischkäse verrühren. Schalotten abziehen und fein würfeln. Kräuter abspülen, trockentupfen und fein hacken. Schalotten und Kräuter zu der Senf-Frischkäse-Mischung geben, mit Salz und Pfeffer würzen.

3 Die Masse in die Fleischtaschen füllen, die Öffnung zustecken oder zubinden. Die Filets mit Sojaöl bestreichen und auf den heißen Grillrost legen, unter mehrmaligem Wenden 20–25 Minuten grillen.

Fleischröllchen-Spiesse

8 Spieße
Zubereitungszeit: 30 Min., ohne Marinierzeit
Grillzeit: 10–15 Min.

Pro Stück:
E: 14 g, F: 22 g, Kh: 1 g, kJ: 1165, kcal: 278

- **1 Paprikaschote**
- **2 Zwiebeln**
- **20 dünne Scheiben Schweinefleisch (Nackenstück)**
- **Salz**
- **Pfeffer**
- **1–2 Knoblauchzehen**
- **8 EL Olivenöl**
- **2 EL Balsamessig**
- **1 TL Senf**
- **1 TL gerebelter Majoran**
- **1 TL Basilikumblätter**
- **½ TL Paprika edelsüß**

1 Paprika halbieren, entstielen, entkernen, die weißen Scheidewände entfernen, Schoten waschen und in Stücke schneiden. Zwiebeln abziehen und in Streifen schneiden.

2 Die Fleischscheiben unter fließendem kalten Wasser abspülen, trockentupfen und der Länge nach durchschneiden. Mit Salz und Pfeffer bestreuen, mit den Paprika- und Zwiebelstreifen belegen. Die Fleischstreifen aufrollen und je 5 Röllchen auf einen Spieß stecken.

3 Knoblauch abziehen, zerdrücken und mit Öl, Essig und Senf verrühren. Majoran, Basilikum, Paprika, Salz und Pfeffer unterrühren. Die Fleischspieße mit der Marinade bestreichen, etwa 2 Stunden marinieren. Ab und zu wenden.

4 Die Spieße auf den heißen Grillrost legen und bei mittlerer Hitze 10–15 Minuten grillen, zwischendurch mit der Marinade bestreichen.

T-Bone-Steaks mit Barbecuesauce

4 Portionen

Zubereitungszeit: 45 Min., ohne Marinierzeit
Grillzeit: etwa 10 Min.

Pro Portion:
E: 63 g, F: 27 g, Kh: 39 g, kJ: 2939, kcal: 703

Für die Marinade:
- **200 ml Tomatenketchup**
- **100 ml Worcestersauce**
- **6 Spritzer Tabasco**
- **Saft von 2 Zitronen**
- **6 EL Honig**
- **200 g Zwiebeln**
- **6 Knoblauchzehen**
- **2 Lorbeerblätter**
- **3 EL Senfkörner**
- **1 TL frisch gemahlener Pfeffer**

- **4 T-Bone-Steaks (je 250–300 g)**
- **Salz**
- **frisch gemahlener Pfeffer**

Für die Barbecuesauce:
- **1 Becher (150 g) Crème fraîche**
- **Salz**
- **frisch gemahlener Pfeffer**

1 Für die Marinade Ketchup mit Worcestersauce, Tabasco, Zitronensaft und Honig in einem Kochtopf verrühren. Zwiebeln und Knoblauch abziehen, würfeln, mit Lorbeerblättern, Senfkörnern, Pfeffer in die Ketchupmischung geben. Zum Kochen bringen, im offenen Topf etwa 10 Minuten kochen lassen.

2 Steaks unter fließendem kalten Wasser abspülen, trockentupfen, in die Marinade legen und etwa 12 Stunden darin ziehen lassen, ab und zu wenden.

3 Steaks aus der Marinade nehmen und trockentupfen. Steaks nebeneinander auf den vorgeheizten Grill legen und von jeder Seite etwa 10 Minuten grillen (evtl. auf Alufolie legen).

4 Die Steaks mit Salz und Pfeffer bestreuen und auf einer vorgewärmten Platte mit Alufolie zugedeckt warm stellen.

5 Für die Barbecuesauce die zurückbehaltene Marinade zum Kochen bringen.

6 Die Marinade durch ein Sieb streichen, Crème fraîche unter die Flüssigkeit rühren und zum Kochen bringen. Die Barbecuesauce mit Salz und Pfeffer abschmecken.

■ Beilage:
Neue Pellkartoffeln mit bunter Salatplatte.

Kalbsteaks mit Limetten und Gemüsespiessen

4 Spieße

Zubereitungszeit: 40 Min., ohne Marinierzeit
Grillzeit: etwa 10 Min.

Pro Portion:
E: 45 g, F: 12 g, Kh: 4 g, kJ: 1305, kcal: 311

- **8 kleine Kalbsteaks aus der Keule (je etwa 100 g)**
- **2 Bio-Limetten (unbehandelt, ungewachst)**
- **8 EL Olivenöl**

Für die Gemüsespieße:

- **1 kleine Zucchini (etwa 200 g)**
- **1 kleine Aubergine (etwa 220 g)**
- **12 kleine Cocktailtomaten (etwa 250 g)**
- **1 Pck. Kräuter der Provence**
- **4 EL Olivenöl**

- **Salz**
- **frisch gemahlener Pfeffer**
- **1 EL rosa Pfefferbeeren**

Außerdem:

- **4 kleine Holz- oder Metallspieße**

1 Kalbsteaks unter fließendem kalten Wasser abspülen und trockentupfen. Steaks in eine flache Schale legen. Limetten gründlich waschen, abtrocknen und in Spalten schneiden. Limettenspalten auf den Kalbsteaks verteilen. Olivenöl darauf träufeln und zugedeckt 1–2 Stunden im Kühlschrank marinieren.

2 Für die Spieße Zucchini und Aubergine waschen und abtrocknen. Von der Zucchini die Enden und von der Aubergine den Stängelansatz abschneiden. Zucchini und Aubergine in mundgerechte Stücke schneiden. Tomaten waschen, abtrocknen und die Stängelansätze entfernen. Das vorbereitete Gemüse in bunter Reihenfolge auf Holz- oder Metallspieße stecken und in eine flache Schale legen. Mit Kräutern der Provence bestreuen, mit Olivenöl beträufeln und zugedeckt ebenfalls 1–2 Stunden marinieren.

3 Die Kalbsteaks und die Spieße auf dem heißen Grill etwa 10 Minuten grillen, dabei gelegentlich wenden. Kalbsteaks und Gemüsespieße mit Salz und Pfeffer würzen. Kalbsteaks mit Pfefferbeeren bestreuen.

Tipp:
Anstelle von Kalbsteaks kann auch Puten- oder Hähnchenfleisch verwendet werden. Grillen Sie die Limettenspalten kurz mit.

Turf and Surf

Foto – 4 Portionen

Zubereitungszeit: 20 Min.
Grillzeit: 10–15 Min.

Pro Portion:
E: 39 g, F: 12 g, Kh: 3 g, kJ: 1162, kcal: 278

- **4 Kalbsteaks (aus der Keule oder aus dem Rücken, etwa 400 g)**
- **4 Lachsmedaillons (aus dem Filet, ohne Haut und Gräten, etwa 400 g)**
- **je 4 grüne und rote milde Peperoni (je etwa 80 g)**
- **Speiseöl**
- **Salz**
- **Pfeffer**
- **Limettensaft**

- **1 Bio-Limette (unbehandelt, ungewachst)**

1 Steaks und Medaillons unter fließendem kalten Wasser abspülen und trockentupfen. Peperoni abspülen, trockentupfen, längs halbieren und entkernen.

2 Steaks, Medaillons und Peperonihälften mit etwas Speiseöl bestreichen und auf dem heißen Grill 10–15 Minuten grillen. Mit Salz und Pfeffer würzen. Mit Limettensaft beträufeln.

3 Limette heiß abspülen, abtrocknen und in Spalten schneiden. Steaks, Medaillons und Peperonihälften mit Limettenspalten garniert servieren.

■ Beilage:
Ofenkartoffeln und Kräuterquark oder ofenfrisches Baguette.

■ Tipp:
Die Kalbsteaks und Lachsmedaillons vor dem Grillen mit Zitronenthymian und Olivenöl in eine flache Schüssel legen und zugedeckt einige Stunden kalt stellen.

Knusprige Schusterkoteletts

4 Portionen

Zubereitungszeit: 20 Min., ohne Marinierzeit
Grillzeit: etwa 10 Min.

Pro Portion:
E: 25 g, F: 56 g, Kh: 5 g, kJ: 2646, kcal: 631

Für die Marinade:

- **4 EL Kräutersenf**
- **2 TL Sardellenpaste**
- **3 EL Tomatenketchup**
- **abgeriebene Schale von 1 Zitrone (unbehandelt)**
- **4 EL Sojaöl**

- **600 g dünne Schweinebauchscheiben**

1 Für die Marinade Senf, Sardellenpaste, Ketchup, Zitronenschale und Sojaöl zu einer Marinade verrühren. Bauchscheiben unter fließendem kalten Wasser abspülen, trockentupfen und etwa 2 Stunden in der Marinade durchziehen lassen.

2 Das Fleisch aus der Marinade nehmen, trockentupfen und auf den heißen Grillrost legen und von beiden Seiten etwa 10 Minuten grillen.

■ Abwandlung:
Eine Marinade aus je 4 Esslöffeln Tomatenketchup, Honig und Sojaöl zubereiten. Die Bauchscheiben damit bestreichen und etwa 2 Stunden durchziehen lassen. Oder die Bauchscheiben mit Speiseöl einpinseln und mit Paprika edelsüß, Salz und Pfeffer bestreuen.

Rindersteaks mit Sardellen

4 Portionen

Zubereitungszeit: 30 Min., ohne Marinierzeit
Grillzeit:
Steaks etwa 10 Min.,
Spieße etwa 5 Min.

Pro Portion:
E: 59 g, F: 17 g, Kh: 6 g, kJ: 1714, kcal: 408

- **2 Knoblauchzehen**
- **20 kleine Schalotten (350–400 g)**
- **4 EL Olivenöl**
- **300 ml Rotwein**

- **8 kleine Rindersteaks (aus der Hüfte oder Rumpsteaks, je etwa 120 g)**
- **6 Sardellenfilets (etwa 60 g)**
- **Salz**
- **frisch gemahlener bunter Pfeffer**

Für den Salat:
- **1 kleiner Radicchio**
- **100 g Rucola (Rauke)**
- **einige grüne Salatblätter, z.B. Frisée**
- **2 Tomaten**
- **1 EL Weißweinesig**
- **1 Prise Zucker**
- **2 EL Speiseöl**

Außerdem:
- **4 kleine Holz- oder Metallspieße**

1 Knoblauch und Schalotten abziehen. Knoblauch in dünne Scheiben schneiden. Olivenöl in einem Topf erhitzen. Knoblauchscheiben und Schalotten hinzufügen und unter mehrmaligem Wenden leicht anbraten. Rotwein hinzugießen, zum Kochen bringen und etwa 10 Minuten kochen, dann erkalten lassen.

2 Rindersteaks unter fließendem kalten Wasser abspülen und trockentupfen. Sardellenfilets evtl. kurz wässern und abtropfen lassen. Sardellenfilets zuerst in kleine Stücke schneiden, dann sehr fein hacken.

3 Sardellenpaste auf den Steaks verteilen, dabei etwas einmassieren. Steaks in eine flache Schale legen und mit dem Schalotten-Rotwein übergießen. Zugedeckt über Nacht im Kühlschrank marinieren.

4 Für den Salat von dem Radicchio die welken Blätter entfernen. Radicchio, Rucola und Salatblätter waschen und trockentupfen oder -schleudern und in Streifen schneiden. Tomaten waschen, abtrocknen, halbieren und die Stängelansätze herausschneiden. Tomaten in Stücke schneiden und mit den Salatstreifen vermengen. Essig mit Zucker verrühren, mit Salz und Pfeffer abschmecken, Öl unterschlagen und über den gemischten Salat gießen.

5 Steaks und Schalotten aus der Marinade nehmen und trockentupfen. Schalotten auf 4 Spieße stecken. Die Steaks auf dem heißen Grill etwa 10 Minuten, die Spieße etwa 5 Minuten grillen, dabei gelegentlich wenden. Steaks und Spieße mit Salz und Pfeffer würzen.

Beilage:
Backkartoffeln oder Brot.

Tipp:
Statt Rindersteaks können Sie auch Schweine- oder Straußenfleisch verwenden.

Rumpsteaks mit gegrillten Frühlingszwiebeln und Gorgonzola-Butter

4 Portionen

Zubereitungszeit: 30 Min., ohne Marinierzeit
Grillzeit:
Steaks etwa 16 Min.,
Zwiebeln etwa 6 Min.

Pro Portion:
E: 59 g, F: 35 g, Kh: 14 g, kJ: 2550, kcal: 609

- **4 Rumpsteaks (je 250 g)**

Für die Steakmarinade:

- **3 Zwiebeln**
- **2 Knoblauchzehen**
- **125 ml (1/8 l) Rotwein**
- **5 EL Rotweinessig**
- **8–10 EL Olivenöl**
- **1 TL bunte Pfefferkörner**
- **1 TL gerebelter Oregano**
- **1 TL gerebelter Thymian**

- **24 Frühlingszwiebeln**

Für die Frühlingszwiebelmarinade:

- **6 EL Olivenöl**
- **2 TL gezupfter Thymian**

Für die Gorgonzola-Butter:

- **20 g Gorgonzola-Käse**
- **80 g weiche Butter**
- **Salz**
- **frisch gemahlener Pfeffer**

- **2 EL gehackte Petersilie**

1 Steaks unter fließendem kalten Wasser abspülen, trockentupfen und in eine flache Schale legen.

2 Für die Steakmarinade Zwiebeln und Knoblauch abziehen und in feine Würfel schneiden. Rotwein mit Essig und Öl verrühren, mit Pfeffer, Oregano und Thymian würzen. Steaks mit der Marinade begießen und zugedeckt über Nacht im Kühlschrank marinieren.

3 Frühlingszwiebeln putzen, waschen, abtropfen lassen, längs halbieren und in eine Schale legen.

4 Für die Frühlingszwiebelmarinade Olivenöl mit Thymian verrühren. Die Zwiebelhälften damit bestreichen und zugedeckt etwa 10 Minuten marinieren.

5 Für die Gorgonzola-Butter Gorgonzola mit einer Gabel zerdrücken und mit Butter verrühren. Mit Salz und Pfeffer würzen.

6 Steaks aus der Marinade nehmen, trockentupfen und auf dem heißen Grill von jeder Seite 6–8 Minuten grillen. Zwiebelhälften ebenfalls auf den heißen Grill (mit Alufolie belegt) legen und unter gelegentlichem Wenden etwa 6 Minuten grillen. Die Zwiebeln während des Grillens mit der Marinade bestreichen. Mit Salz und Pfeffer würzen.

7 Die Frühlingszwiebelhälften zu Nestern formen, mit einem kleinen Stück Gorgonzola-Butter belegen, mit Petersilie bestreuen und zusammen mit den Steaks servieren.

Marinierte Hamburger

8 Stück

Zubereitungszeit: 30 Min., ohne Marinierzeit
Grillzeit: 8–10 Min.

Pro Stück:
E: 26 g, F: 15 g, Kh: 37 g, kJ: 1633, kcal: 390

- **1 Brötchen (Semmel) vom Vortag**
- **750 g Rindergehacktes**
- **1 Ei (Größe M)**
- **Salz**
- **frisch gemahlener Pfeffer**

Für die Marinade:
- **4 EL Sojasauce**
- **3 EL Wasser**
- **2 EL brauner Zucker**
- **1 TL Worcestersauce**
- **1 TL fein geriebene Ingwerwurzel oder ¼ TL gemahlener Ingwer**

Zum Garnieren:
- **4 Tomaten**
- **1 grüne Paprikaschote**

- **8 Hamburger-Brötchen**

1 Brötchen in kaltem Wasser einweichen, anschließend gut ausdrücken. Gehacktes in eine Schüssel geben. Ei und eingeweichtes Brötchen hinzugeben und untermengen, mit Salz und Pfeffer würzen. Aus der Masse mit angefeuchteten Händen 8 flache Hamburger formen und diese in eine flache Schale legen.

2 Für die Marinade Sojasauce, Wasser, Zucker, Worcestersauce und Ingwer verrühren. Die Marinade über die Hamburger geben und zugedeckt 1–2 Stunden im Kühlschrank marinieren.

3 Das Fleisch aus der Marinade nehmen, auf den vorgeheizten Grill legen und von jeder Seite etwa 4–5 Minuten grillen. Während des Grillens die Hamburger mit der Marinade bestreichen.

4 Zum Garnieren Tomaten waschen, abtrocknen, die Stängelansätze herausschneiden. Tomaten in Scheiben schneiden. Paprika halbieren, entstielen, entkernen. Die weißen Scheidewände entfernen, Schoten waschen und in Streifen schneiden.

5 Brötchen aufschneiden und mit der Aufschnittseite kurz auf dem Grillrost toasten. Die unteren Brötchenhälften zuerst mit Paprikastreifen, dann mit je einem Hamburger und Tomatenscheiben belegen, mit den oberen Brötchenhälften bedecken.

■ Tipp:
Marinierte Hamburger ist ein ideales Picknickrezept. Die vorbereiteten Hamburger können in einem verschlossenen Gefäß transportiert und sofort gegrillt werden.

Kartoffel-Zwiebel-Spiesse mit Quark

8 Spieße

Zubereitungszeit: 30 Min.
Grillzeit: etwa 8 Min.

Pro Portion:
E: 21 g, F: 19 g, Kh: 42 g, kJ: 1801, kcal: 430

- **24 kleine Kartoffeln**
- **150 g durchwachsener Speck**
- **4 Frühlingszwiebeln**
- **6 EL Olivenöl**
- **1 TL gerebelter Rosmarin**
- **Salz**
- **1 TL Kümmelsamen**

Für den Quark:

- **1 Stange Staudensellerie**
- **250 g Magerquark**
- **frisch gemahlener bunter Pfeffer**
- **125 ml (1/8 l) Schlagsahne**

Außerdem:

- **8 Holzspieße**

1 Kartoffeln waschen, evtl. abbürsten. Kartoffeln in einem Topf mit Wasser zum Kochen bringen und zugedeckt etwa 10 Minuten kochen, dann abgießen.

2 Speck in etwa 2 cm große Stücke schneiden. Frühlingszwiebeln putzen, waschen und abtropfen lassen. Das Frühlingszwiebelgrün bis auf etwa 15 cm abschneiden und beiseite legen. Frühlingszwiebeln in je 4 Stücke schneiden. Kartoffeln, Speck und Frühlingszwiebelstücke auf die Spieße stecken.

3 Vorbereitete Spieße mit Öl bestreichen und auf den heißen Grill legen, unter Wenden etwa 8 Minuten grillen, zwischendurch mit Öl bestreichen. Kurz vor Ende der Grillzeit das restliche Öl mit Rosmarin, Salz und Kümmel verrühren und die Spieße damit bestreichen.

4 Für den Quark Staudensellerie putzen, waschen, abtropfen lassen, die harten Außenfäden abziehen und die Stange in dünne Scheiben schneiden. Beiseite gelegtes Frühlingszwiebelgrün in kleine Stücke schneiden, mit Selleriescheiben, Salz, Pfeffer und Sahne unter den Quark rühren, zu den Spießen servieren.

Gegrillte Hähnchenbrust

4 Portionen

Zubereitungszeit: 45 Min., ohne Abkühl- und Marinierzeit
Grillzeit: etwa 15 Min.

Pro Portion:
E: 40 g, F: 11 g, Kh: 28 g, kJ: 1599, kcal: 382

- **12 mittelgroße Kartoffeln (etwa 600 g)**
- **Salzwasser**

- **1 Gemüsezwiebel (etwa 300 g)**
- **2 Knoblauchzehen**
- **je 1 rote und grüne milde Chilischote (je etwa 75 g)**
- **1 Bund glatte Petersilie**
- **1 Bund Koriander**
- **1 eingelegte Ingwerpflaume**
- **4 EL Olivenöl**

- **4 Hähnchenbrustfilets (je etwa 150 g)**
- **Salz**
- **frisch gemahlener Pfeffer**

1 Kartoffeln waschen, evtl. mit einer Bürste abbürsten. Kartoffeln in einem Topf mit Salzwasser bedeckt zum Kochen bringen und zugedeckt etwa 20 Minuten kochen lassen. Kartoffeln abgießen, abtropfen und erkalten lassen.

2 Zwiebel und Knoblauch abziehen. Chilischoten abspülen, trockentupfen, längs halbieren, entkernen und Stängelansätze abschneiden. Petersilie und Koriander abspülen und trockentupfen, einige Stängel zum Garnieren beiseite legen. Von den restlichen Stängeln die Blättchen zupfen. Blättchen klein schneiden.

3 Zwiebel, Knoblauch, Chilischoten und die Ingwerpflaume fein würfeln. Olivenöl in einer Pfanne erhitzen und die Gemüsewürfel darin andünsten. Kräuter unterrühren und die Gemüsesauce erkalten lassen.

4 Hähnchenbrustfilets unter fließendem kalten Wasser abspülen und trockentupfen. Die Filets auf der Oberseite mit einem scharfen Messer mehrmals rautenförmig einschneiden und in eine große flache Schale legen.

5 Kartoffeln längs halbieren, zu den Filets in die Schale geben. Filets und Kartoffelhälften mit der Hälfte der Gemüsesauce bestreichen, etwa 2 Stunden im Kühlschrank marinieren. Restliche Sauce beiseite stellen.

6 Gemüsesauce von den Hähnchenbrustfilets und Kartoffelhälften abstreifen. Filets und Kartoffeln auf dem heißen Grill unter gelegentlichem Wenden etwa 15 Minuten grillen, mit Salz und Pfeffer bestreuen. Nach Belieben mit der beiseite gestellten Gemüsesauce und den beiseite gelegten Kräuterstängeln servieren.

Beilage:
Gemischter Salat.

Kokos-Hähnchenfilets im Bananenblatt

4 Portionen

Zubereitungszeit: 60 Min.
Grillzeit: 20–30 Min.

Pro Portion:
E: 46 g, F: 32 g, Kh: 44 g, kJ: 2725, kcal: 652

- **4 große Bananenblätter**
- **Salzwasser**

- **2 mittelgroße Zucchini (je 350 g)**
- **Salz**
- **frisch gemahlener Pfeffer**
- **Cayennepfeffer**
- **4 Hähnchenbrustfilets (je 150 g)**
- **4 EL Sojasauce**
- **2 Fleischtomaten**
- **1 Topf Zitronen-Basilikum (bzw. Basilikum)**
- **100 ml ungesüßte Kokosmilch (aus der Dose)**
- **40 g Kokosraspel**
- **80 g Kräuterbutter (8 Scheiben)**

Außerdem:

- **kleine Holzspieße**
- **2 Kräuterbutter-Baguettes (aus dem Kühlregal)**
- **Alufolie**

1 Bananenblätter abspülen, abtropfen lassen und die dicken Mittelblattrippen herausschneiden. Blätter so halbieren, dass die Hähnchenbrustfilets darin eingewickelt werden können. Salzwasser in einem großen Topf zum Kochen bringen und die Blätter darin kurz blanchieren, mit kaltem Wasser übergießen, gut abtropfen lassen.

2 Zucchini waschen, abtrocknen und die Enden abschneiden. Zucchini in sehr dünne Scheiben schneiden (evtl. mit einer Aufschnittmaschine). Zucchinischeiben dachziegelartig in die Mitte der Bananenblätter legen. Mit Salz, Pfeffer und Cayennepfeffer bestreuen.

3 Hähnchenbrustfilets unter fließendem kalten Wasser abspülen, trockentupfen, in Scheiben schneiden. Hähnchenscheiben auf die Zucchinischeiben legen und mit der Sojasauce beträufeln.

4 Tomaten waschen, abtropfen lassen, kreuzweise einschneiden, kurz in kochendes Wasser legen und mit kaltem Wasser abspülen. Tomaten enthäuten, halbieren und die Stängelansätze herausschneiden. Tomaten entkernen und das Fruchtfleisch in feine Würfel schneiden.

5 Basilikum abspülen, trockentupfen und die Blättchen von den Stängeln zupfen. Einige Blättchen zum Garnieren beiseite legen. Tomatenwürfel und Basilikumblättchen auf die Hähnchenscheiben geben und je 2 Esslöffel Kokosmilch darauf träufeln. Kokosraspel darauf streuen und mit je 2 Scheiben Kräuterbutter belegen.

6 Bananenblätter fest zu einem Päckchen zusammenfalten, so dass keine Flüssigkeit auslaufen kann, mit Holzspießen feststecken. Päckchen auf dem heißen Grill (mit Alufolie belegt) etwa 20–30 Minuten grillen.

7 Die Baguettes in Alufolie wickeln und auf dem Grill unter Wenden 8–10 Minuten grillen. Kokos-Hähnchenfilets mit den beiseite gelegten Basilikumblättchen garnieren und mit den warmen Baguettes servieren.

Tipp:
Bananenblätter, Kokosmilch und Zitronen-Basilikum sind in Asia-Läden erhältlich. Sollten Sie keine Bananenblätter bekommen, können Sie die Kokos-Hähnchenfilets auch in doppelt gelegte Alufolie einwickeln.

Perlhuhn mit Tomatengemüse

6 Portionen

Zubereitungszeit: 30 Min.
Grillzeit: etwa 40 Min.

Pro Portion:
E: 57 g, F: 21 g, Kh: 3 g,
kJ: 1789, kcal: 427

- **2 küchenfertige Perlhühner, je etwa 1 kg (ersatzweise Hähnchen)**
- **3 Rosmarinstängel**
- **3 Thymianstängel**
- **3 Salbeistängel**
- **Salz**
- **frisch gemahlener Pfeffer**

Für das Tomatengemüse:
- **600 g Strauchtomaten**
- **3 EL Olivenöl**
- **2 Schalotten**
- **1 Knoblauchzehe**
- **1 Topf Basilikum**

Außerdem:
- **Grillschalen**
- **Speiseöl, z. B. Olivenöl**

1 Perlhühner unter fließendem kalten Wasser abspülen und trockentupfen. Perlhühner mit der Brustseite nach unten auf die Arbeitsfläche legen und mit einer Geflügelschere rechts und links am Rückenknochen entlangschneiden, so dass dieser entfernt wird. Perlhühner umdrehen und so weit wie möglich auseinander klappen, dabei die Perlhuhnbrust mit einer Hand flach drücken.

2 Rosmarin-, Thymian- und Salbeistängel abspülen und trockentupfen. Je einen Stängel zum Garnieren beiseite legen. Blättchen und Nadeln von den restlichen Stängeln zupfen. Blättchen und Nadeln fein schneiden. Die Haut von der Brust leicht anheben. Die Kräuter zwischen Brust und Haut verteilen. Perlhühner von allen Seiten mit Salz und Pfeffer würzen.

3 Grillschalen mit Öl ausstreichen und die Perlhühner hineinlegen. Die Perlhühner bei mäßiger Glut- oder Grillhitze etwa 40 Minuten grillen, dabei ab und zu wenden.

4 Für das Tomatengemüse Tomaten waschen, abtrocknen und kreuzweise einschneiden, kurz in heißes Wasser legen, anschließend mit kaltem Wasser abschrecken. Tomaten enthäuten und vierteln. Stängelansätze und Kerne entfernen.

5 Schalotten und Knoblauch abziehen und fein würfeln. Olivenöl in einer Pfanne erhitzen. Schalotten- und Knoblauchwürfel darin andünsten, Tomatenviertel dazugeben. Unter gelegentlichem Rühren etwa 5 Minuten schmoren lassen, mit Salz und Pfeffer würzen.

6 Basilikum abspülen, trockentupfen und die Blättchen von den Stängeln zupfen. Blättchen fein schneiden und unter das Tomatengemüse geben.

7 Beiseite gelegte Kräuterstängel etwas kleiner zupfen und die Perlhühner damit garnieren.

Hähnchenbrustfilets am Zitronengrasspiess

4 Spieße

Zubereitungszeit: 40 Min., ohne Marinierzeit
Grillzeit: etwa 15 Min.

Pro Portion:
E: 36 g, F: 3 g, Kh: 7 g, kJ: 856, kcal: 205

- **600 g Hähnchenbrustfilets**
- **200–240 g frische Ananas (am Stück, vorbereitet gewogen)**
- **4 Stängel Zitronengras**

Für die Marinade:
- **1 kleines Stück eingelegte Ingwerpflaume (in Sirup eingelegter Ingwer) oder etwas gemahlener Ingwer**
- **100 g weiche Butter**
- **½ TL Ingwersirup**
- **frisch gemahlener Pfeffer**

- **Salz**

1 Hähnchenbrustfilets unter fließendem kalten Wasser abspülen und trockentupfen. Die Filets jeweils in 3 Stücke schneiden. Ananas in 8 gleich große Stücke schneiden.

2 Jeweils die zwei Hüllen der Zitronengrashalme abziehen und die dünneren Enden mit einem Messer anspitzen.

3 Für die Marinade Ingwerpflaume zuerst klein schneiden, dann fein hacken und in eine kleine Schüssel geben. Butter und Sirup unterrühren. Mit Pfeffer würzen.

4 Fleisch- und Ananasstücke evtl. in der Mitte mithilfe eines Metallschaschlikspießes durchstechen, dann abwechselnd auf die Zitronengrasspieße stecken (je Spieß 3 Fleisch- und 2 Ananasstücke, darauf achten, dass die Stücke nicht auseinander brechen). Die Spieße mit der Marinade bestreichen, in eine flache Schale legen und zugedeckt etwa 2 Stunden im Kühlschrank marinieren.

5 Die Spieße aus der Marinade nehmen und auf dem heißen Grill unter mehrmaligem Wenden etwa 15 Minuten grillen. Die Spieße mit Salz und Pfeffer würzen.

■ Beilage:
Safranreis. Ziehen Sie dazu eine kleine Zwiebel ab und schneiden Sie diese in kleine Würfel. Erhitzen Sie etwa 1 Esslöffel Olivenöl in einem Topf und dünsten Sie die Zwiebelwürfel, 200 g Langkornreis und Safran aus einem Döschen (0,2 g) unter Rühren darin an. Gießen Sie dann 400 ml Gemüsebrühe hinzu, bringen das Ganze zum Kochen und lassen Sie den Reis bei schwacher Hitze zugedeckt in 15–20 Minuten ausquellen.

Lammchops mit Estragon-Crème-fraîche

4 Portionen

Zubereitungszeit: 40 Min.
Grillzeit: Lammchops etwa 10 Min., Kartoffeln etwa 10 Min.

Pro Portion:
E: 35 g, F: 35 g, Kh: 32 g, kJ: 2436, kcal: 583

- **4 große fest kochende Kartoffeln**
- **500 g Lammrücken, ohne Knochen**
- **150 g Frühstücksspeck in Scheiben (Bacon)**
- **frisch gemahlener Pfeffer**
- **1–2 EL Speiseöl**
- **2 Knoblauchzehen**
- **3 Estragonstängel**
- **1 Becher (150 g) Crème fraîche**
- **Salz**

Außerdem:
- **4 Bögen Alufolie**

1 Kartoffeln waschen, evtl. abbürsten und mit Wasser in einem Topf zum Kochen bringen. Kartoffeln zugedeckt etwa 20 Minuten kochen, abgießen und etwas abkühlen lassen.

2 Lammfleisch unter fließendem kalten Wasser abspülen, trockentupfen und in 3 cm dicke Scheiben (etwa 12 Stück) schneiden. Jede Scheibe mit je 1 Speckstreifen umwickeln, diesen mit Küchengarn festbinden. Umwickelte Scheiben mit Pfeffer bestreuen und mit Öl bestreichen.

3 Knoblauch abziehen und durch eine Knoblauchpresse drücken. Estragonstängel abspülen und trockentupfen, einen Stängel zum Garnieren beiseite legen. Von dem restlichen Estragon die Blättchen abzupfen. Blättchen fein schneiden. Crème fraîche mit Estragon und Knoblauch verrühren.

4 Kartoffeln dünn mit etwas Öl einstreichen und in je einen Bogen Alufolie wickeln. Lammchops auf den heißen Grillrost legen und von jeder Seite etwa 5 Minuten grillen. Kartoffeln ebenfalls auf den Grill geben und unter Wenden etwa 10 Minuten grillen.

5 Lammchops mit Salz bestreuen, Kartoffeln aus der Folie wickeln und mit den Lammchops und der Estragon-Crème-fraîche servieren. Beiseite gelegten Estragonstängel in kleinere Stücke zupfen und die Lammchops vor dem Servieren damit garnieren, nach Belieben nochmals mit Pfeffer bestreuen.

Provenzalische Lammkoteletts mit Paprikaspiesschen

4 Portionen

Zubereitungszeit: 30 Min., ohne Marinierzeit
Grillzeit: etwa 12 Min.

Pro Portion:
E: 51 g, F: 60 g, Kh: 12 g, kJ: 3310 , kcal: 793

- **16 Lammkoteletts (je 80 g)**

Für die Marinade:
- **4 Knoblauchzehen**
- **5 EL Olivenöl**
- **2 gestr. EL Kräuter der Provence**
- **grob gemahlener schwarzer Pfeffer**

- **je 2 kleine gelbe, rote und grüne Paprikaschoten (je etwa 150 g)**
- **Wasser**
- **Salz**

- **1 Rolle (125 g) Knoblauchbutter**
- **einige Holzspieße**

Zum Garnieren:
- **1 Bio-Zitrone (unbehandelt, ungewachst)**
- **einige Rosmarinzweige**

1 Lammkoteletts unter fließendem kalten Wasser abspülen, trockentupfen und in eine flache Schale legen.

2 Für die Marinade Knoblauch abziehen und fein würfeln. Knoblauchwürfel mit Olivenöl, Kräutern und Pfeffer verrühren. Die Koteletts mit zwei Dritteln der Marinade bestreichen und zugedeckt etwa 1 Stunde durchziehen lassen.

3 Paprikaschoten halbieren und entkernen. Die weißen Scheidewände entfernen, Schoten waschen und in Viertel schneiden. Salzwasser in einem Topf zum Kochen bringen. Paprikaviertel darin je etwa 3 Minuten garen, herausnehmen, mit kaltem Wasser übergießen und in einem Sieb gut abtropfen lassen.

4 Paprikaviertel in bunter Reihenfolge auf die Holzspieße stecken und in eine flache Schale legen. Restliche Marinade über die Paprikaspieße geben und zugedeckt im Kühlschrank etwa 30 Minuten durchziehen lassen.

5 Lammkoteletts und Paprikaspieße aus der Marinade nehmen, abtropfen lassen und auf den heißen Grill (evtl. mit Alufolie belegt) legen. Unter mehrmaligem Wenden die Koteletts etwa 12 Minuten, die Spieße etwa 8 Minuten grillen, dann mit Salz bestreuen.

6 Knoblauchbutter in Scheiben schneiden, auf die Koteletts legen und schmelzen lassen.

7 Zum Garnieren Zitronen waschen, abtrocknen und in Spalten schneiden. Rosmarinzweige abspülen, trockentupfen und etwas kleiner zupfen. Lammkoteletts mit Paprikaspießen, Zitronenspalten und Rosmarin garniert servieren.

Beilage:
Fladenbrot.

Tipp:
Zitronenspalten kurz (etwa 3 Minuten) mitgrillen.

Scharfe Ananasspiesse

4 Spieße

Zubereitungszeit: 40 Min.
Grillzeit: etwa 15 Min.

Pro Stück:
E: 32 g, F: 26 g, Kh: 2 g,
kJ: 1780, kcal: 425

- **1 Ananas**
- **200 ml Schlagsahne**
- **1 Chilischote**
- **4 EL weißer Rum**
- **400 g Schweinefilet**
- **8 große, geschälte Scampi (mit Schwanz)**
- **40 g Butter**
- **1 Prise Salz**
- **Cayennepfeffer**

1 Von der Ananas die Blattkrone und den Stängelansatz abschneiden, die Ananas schälen, längs vierteln, den harten Innenkern herausschneiden, zwei Ananasviertel fein würfeln.

2 Von der Sahne 3 Esslöffel abnehmen, beiseite stellen, die übrige Sahne mit den Ananaswürfeln unter Rühren zu einer sämigen Sauce einkochen lassen, 2 Esslöffel Rum unterziehen, die Ananas-Sahne-Sauce erkalten lassen.

3 Die übrigen Ananasviertel in etwa 4 cm dicke Stücke schneiden. Chilischote halbieren, entkernen, fein hacken, mit dem restlichen Rum und den Ananasstücken vermengen, 30 Minuten durchziehen lassen.

4 Schweinefilet unter fließendem kalten Wasser abspülen, trockentupfen und in 1 cm dicke Medaillons schneiden.

5 Scampi waschen, trockentupfen, je 2 mit Ananasstücken und Fleischscheiben abwechselnd auf 4 Spieße stecken und auf den heißen Grill auf Alufolie legen.

6 Butter zerlassen, mit der übrigen Sahne verrühren, mit Salz und Cayennepfeffer scharf abschmecken. Die Spieße während des Grillens (etwa 15 Minuten) häufig damit bestreichen. Die Ananassauce zu den Spießen servieren.

Cevapcicispiesse

4 Spieße

Zubereitungszeit: 30 Min., ohne Marinierzeit
Grillzeit: etwa 10 Min.

Pro Stück:
E: 29 g, F: 49 g, Kh: 5 g, kJ: 2597, kcal: 620

- **500 g Hackfleisch (vom Schwein)**
- **1 EL Buchweizenmehl**
- **Salz**
- **frisch gemahlener Pfeffer**
- **1 TL Paprikapulver edelsüß**
- **1 Zwiebel**
- **2 Knoblauchzehen**
- **3 EL Speiseöl**
- **1 Bund glatte Petersilie**
- **1 frische Peperoni**
- **1 gelbe Paprika**
- **1 rote Zwiebel**
- **2 Knoblauchzehen**
- **3 EL Olivenöl**
- **geschrotete, rote Pfefferbeeren**

1 Hackfleisch mit Buchweizenmehl, Salz, Pfeffer und Paprikapulver vermengen.

2 Zwiebel und Knoblauchzehen abziehen und fein würfeln.

3 Speiseöl in einer Pfanne erhitzen, die Zwiebelwürfel darin glasig dünsten, Knoblauchwürfel dazugeben, kurz mitdünsten.

4 Petersilie abspülen, trockentupfen, fein hacken, mit in die Pfanne geben, kurz umrühren. Die gedünsteten Zutaten unter den Fleischteig mischen.

5 Peperoni halbieren, entkernen, die Scheidewände entfernen, die Schotenhälften abspülen, fein hacken, zum Fleischteig geben, mit nassen Händen fingerlange Röllchen daraus formen.

6 Paprika halbieren, entstielen, entkernen, die weißen Scheidewände entfernen, Schoten waschen und in nicht allzu kleine Stücke schneiden. Die rote Zwiebel abziehen, vierteln und in die Schichten zerteilen.

7 Die Fleischröllchen abwechselnd mit Paprikastücken und Zwiebeln auf 4 Spieße stecken.

8 Knoblauchzehen abziehen, mit der Knoblauchpresse den Saft in eine Schüssel drücken, mit Olivenöl verrühren, die Fleischröllchen mit dem Knoblauchöl bestreichen und etwa 30 Minuten durchziehen lassen.

9 Die Cevapcicispieße mit Pfeffer bestreuen und auf den heißen Grillrost legen, 5 Minuten grillen, wenden, nochmals mit dem Öl bestreichen und etwa 5 Minuten weitergrillen.

■ Tipp:
Gut schmecken die Hackfleischröllchen auch, wenn sie anstatt mit Peperoni mit 20 abgetropften zerkleinerten Kapern zubereitet werden.

Gegrillte Rinderkebabs

4 Spieße

Zubereitungszeit: 35 Min., ohne Marinierzeit
Grillzeit: etwa 15 Min.

Pro Portion:
E: 34 g, F: 7 g, Kh: 3 g, kJ: 898, kcal: 214

- **4 Hüft- oder Rumpsteaks (je etwa 150 g)**
- **4 rote Zwiebeln (etwa 200 g)**
- **Salzwasser**

Für die Joghurtmarinade:
- **1 Becher (150 g) Naturjoghurt**
- **2 EL (30 g) körniger Senf**
- **1 EL (20 g) geriebener Meerrettich**
- **1 EL (30 g) brauner Zucker**
- **Salz**
- **frisch gemahlener Pfeffer**

Außerdem:
- **4 Holzspieße**

1 Steaks unter fließendem kalten Wasser abspülen und trockentupfen. Jedes Steak in 4–5 Stücke schneiden.

2 Zwiebeln abziehen und vierteln. Salzwasser in einem Topf zum Kochen bringen. Zwiebelviertel etwa 5 Minuten darin garen, anschließend in ein Sieb geben, mit kaltem Wasser übergießen und abtropfen lassen.

3 Für die Joghurtmarinade Joghurt mit Senf, Meerrettich und Zucker verrühren, mit Salz und Pfeffer würzen.

4 Die Fleischstücke und Zwiebelviertel abwechselnd auf Holzspieße stecken, in eine flache Schale legen, dick mit der Joghurtmarinade bestreichen und zugedeckt über Nacht kalt stellen.

5 Die Spieße aus der Marinade nehmen und die Marinade etwas abstreifen oder abtropfen lassen. Die Spieße auf den heißen Grill legen und bei mäßiger Hitze etwa 15 Minuten grillen. Spieße mehrmals wenden.

Beilage:
Frische Gurkenscheiben und Tomatenstücke mit Schnittlauchröllchen und Ofenkartoffeln.

Würstchenspiess "Zwerg Nase"

4 Portionen

Zubereitungszeit: 25 Min.
Grillzeit: 10–15 Min.

Pro Portion:
E: 19 g, F: 31 g, Kh: 90 g, kJ: 3021, kcal: 724

- **1 Glas (60 Stck.) Cocktailwürstchen (Abtropfgewicht 260 g)**
- **16 kleine Cocktailtomaten**
- **1 kleine Flasche Curry-Ketchup (180 ml)**
- **1 kleine Flasche Barbecue-Sauce (180 ml)**
- **1 kleine Flasche Cocktail-Sauce (180 ml)**

- **1 großes Baguette (500 g)**
- **60 g weiche Kräuter- oder Knoblauchbutter**

Außerdem:
- **Holz- oder Metallspieße**
- **etwas Speiseöl**

1 Cocktailwürstchen in ein Sieb geben und abtropfen lassen. Tomaten waschen, trockentupfen und die Stängelansätze entfernen.

2 Die Saucen jeweils in kleine Schüsseln geben und glatt rühren. Baguette längs halbieren, in Stücke schneiden und mit der Butter bestreichen.

3 Würstchen und Tomaten abwechselnd auf Holz- oder Metallspieße stecken. Spieße mit Speiseöl bestreichen und auf dem heißen Grill (mit Alufolie belegt) 10–15 Minuten grillen. Die Baguettestücke mit der unbestrichenen Seite nach unten auf dem Grillrost etwa 3 Minuten grillen.

4 Die Saucen zu den Würstchenspießen und Baguettestücken reichen.

■ Tipp:
Statt Cocktailwürstchen können auch Geflügel- oder zubereitete Würstchenspezialitäten wie Nürnberger Würstchen verwendet werden.

■ Beilage:
Sehr lecker schmeckt ein **Bunter Käsesalat** zu den Würstchenspießen. Dafür brauchen Sie: 250 g gewürfelten Gouda-Käse, 1 Dose Gemüsemais (Abtropfgewicht 285 g), 1 Glas Tomatenpaprika (Abtropfgewicht 165 g), 1 Glas Honiggurken (Abtropfgewicht 215 g) sowie für die Sauce 2 Esslöffel Weißweinessig, Salz, Pfeffer und 3–4 Esslöffel Olivenöl. Lassen Sie den Gemüsemais, die Tomatenpaprika und die Honiggurken jeweils in einem Sieb abtropfen. Schneiden Sie die Tomatenpaprika und die Honiggurken in kleine Würfel und mischen Sie diese mit dem Gemüsemais und den Käsewürfeln. Verrühren Sie für die Sauce den Essig mit Salz und Pfeffer und schlagen Sie das Öl unter. Mischen Sie die Sauce mit den Salatzutaten und lassen Sie den Salat etwa 15 Minuten durchziehen. Nach Belieben können Sie Croûtons dazureichen.

Bunte Champignonspiesse

4 Spieße

Zubereitungszeit: 35 Min., ohne Marinier- und Kühlzeit
Grillzeit: etwa 10 Min.

Pro Portion:
E: 15 g, F: 57 g, Kh: 1 g, kJ: 2409, kcal: 575

- **2 Bratwürste (je etwa 120 g)**
- **250 g kleine Champignons**
- **150 g durchwachsener, geräucherter Speck**
- **12 Lorbeerblätter**

Für die Marinade:
- **1 TL Zitronensaft**
- **½ gestr. TL Salz**
- **frisch gemahlener Pfeffer**
- **Paprikapulver edelsüß**
- **4 EL Speiseöl**

Für die Champignonbutter:
- **1 Zwiebel**
- **100 g weiche Butter**
- **1 TL Zitronensaft**

Außerdem:
- **4 Holz- oder Metallspieße**

1 Bratwürste in etwa 2 cm dicke Scheiben schneiden. Champignons putzen, mit Küchenpapier abreiben, evtl. abspülen und trockentupfen. 4–5 Champignons beiseite legen.

2 Speck in ½ cm dicke Scheiben schneiden. Wurst- und Speckscheiben, Champignons und Lorbeerblätter abwechselnd auf 4 Spieße stecken.

3 Für die Marinade Zitronensaft mit Salz verrühren, mit Pfeffer und Paprikapulver würzen, Öl unterschlagen. Vorbereitete Spieße in eine flache Schale legen, mit der Marinade von allen Seiten bestreichen und zugedeckt etwa 15 Minuten im Kühlschrank durchziehen lassen.

4 Für die Champignonbutter die beiseite gelegten Champignons in feine Würfel schneiden. Zwiebel abziehen und ebenfalls fein würfeln. Etwa 20 g Butter in einer Pfanne zerlassen, Champignon- und Zwiebelwürfel hinzufügen und darin andünsten. Champignon-Zwiebel-Masse erkalten lassen, anschließend mit Zitronensaft beträufeln und mit der restlichen Butter verrühren, mit Salz und Pfeffer würzen. Champignonbutter kalt stellen.

5 Champignonspieße auf dem heißen Grill unter mehrmaligem Wenden etwa 10 Minuten grillen. Die Spieße mit der Champignonbutter servieren.

Beilage:
Grillkartoffeln, gefüllte Paprikaschoten und Knoblauchquark.

Scharfe Speckspiesse

8 Spieße

Zubereitungszeit: 55 Min., ohne Durchziehzeit
Grillzeit: 10–15 Min.

Pro Portion:
E: 13 g, F: 7 g, Kh: 13 g, kJ: 687, kcal: 164

- **500 g magerer durchwachsener Speck (ohne Schwarte)**
- **je 1 große rote, grüne und gelbe Paprikaschote (je etwa 250 g)**
- **Salzwasser**
- **8 kleine Kartoffeln (etwa 500 g)**
- **8 Cocktailtomaten**

- **8 EL Olivenöl**
- **1 TL Paprikapulver edelsüß**

- **Salz**
- **frisch gemahlener Pfeffer**

Außerdem:
- **8 Holz- oder Metallspieße**

1 Speck in Stücke schneiden (je etwa 25 g). Paprika halbieren, entstielen, entkernen und die weißen Scheidewände entfernen. Schoten waschen, trockentupfen und in mundgerechte Stücke schneiden.

2 Salzwasser in einem Topf zum Kochen bringen.
Die Paprikastücke darin etwa 3 Minuten kochen, anschließend in ein Sieb geben, mit kaltem Wasser übergießen und abtropfen lassen.

3 Kartoffeln gründlich waschen, evtl. bürsten. Kartoffeln mit dem Salzwasser in einem Topf zum Kochen bringen und zugedeckt etwa 20 Minuten kochen. Anschließend in ein Sieb geben, mit kaltem Wasser übergießen und abtropfen lassen. Kartoffeln halbieren.

4 Cocktailtomaten waschen und abtrocknen. Speck-, Paprikastücke, Kartoffelhälften und Cocktailtomaten abwechselnd auf Holz- oder Metallspieße stecken und in eine flache Schale legen.

5 Olivenöl mit Paprika verrühren. Die Spieße damit bestreichen und zugedeckt 1–2 Stunden in den Kühlschrank stellen.

6 Die Spieße aus der Marinade nehmen und auf dem heißen Grill unter mehrmaligem Wenden 10–15 Minuten grillen. Spieße mit Salz und Pfeffer bestreuen.

Beilage:
Baguettestangen, Aioli- oder Chilidip dazureichen.

Tipp:
Wer es besonders scharf mag, kann zusätzlich kleine Pfefferschoten mit auf die Spieße stecken und Paprikapulver edelsüß durch rosenscharf ersetzen.

Musketier-Spiesse

8 Spieße – Foto

Zubereitungszeit: 35 Min.
Grillzeit: etwa 10 Min.

Pro Stück:
E: 19 g, F: 34 g, Kh: 10 g, kJ: 1778, kcal: 424

- **je 1 rote, gelbe und grüne Paprikaschote (je 200 g)**
- **40 Nürnberger Würstchen**
- **3 EL Olivenöl**
- **1 Flasche (250 ml) Barbecuesauce oder süße Chilisauce**

Außerdem:

- **8 Holzspieße**
- **Grillschale**

1 Paprikaschoten halbieren, entstielen, entkernen und die weißen Scheidewände entfernen. Schoten waschen und jede Hälfte in 6–7 etwa gleich große Spalten schneiden.

2 Abwechselnd jeweils 5 Würstchen und 4–5 Paprikaspalten auf Holzspieße stecken. Spieße von allen Seiten mit Olivenöl bestreichen.

3 Eine Grillschale auf den heißen Grillrost legen und die Spieße darin unter Wenden etwa 10 Minuten grillen.

4 Barbecue- oder Chilisauce kalt oder warm zu den Spießen reichen.

Tipp:
Statt Nürnberger Würstchen können Sie auch Cocktailwürstchen verwenden.

Cocktailsauce

4 Portionen

Zubereitungszeit: 15 Min.

Pro Portion:
E: 2 g, F: 12 g, Kh: 4 g, kJ: 588, kcal: 140

- **1–2 Knoblauchzehen**
- **1 Becher (150 g) Crème fraîche**
- **2 EL Joghurt**
- **2 EL Tomatenketchup**
- **2 EL Cognac**
- **Salz**
- **Pfeffer**
- **Paprika edelsüß**
- **2 EL Schnittlauchröllchen**
- **1 EL gehackte, glatte Petersilie**

1 Knoblauch abziehen, fein würfeln, mit Crème fraîche, Joghurt, Tomatenketchup und Cognac verrühren, mit Salz, Pfeffer und Paprika würzen.

2 Schnittlauchröllchen und Petersilie unterrühren.

Tipp:
Zu frischen Salaten, gegrilltem Fleisch oder Krustentieren reichen. Die klassische Cocktailsauce kann auch ohne Knoblauch und Kräuter zubereitet werden, dann evtl. die Joghurtmenge auf 150 g erhöhen.

Fleisch-Apfel-Spiesschen

8 Spieße

Zubereitungszeit: 30 Min.
Grillzeit: etwa 12 Min.

Pro Portion:
E: 31 g, F: 27 g, Kh: 25 g, kJ: 1942, kcal: 464

- **400 g Gehacktes (halb Rind-, halb Schweinefleisch)**
- **1 Zwiebel**
- **1 Ei (Größe M)**
- **3–4 EL Semmelbrösel**
- **Salz**
- **frisch gemahlener Pfeffer**
- **Paprikapulver edelsüß**
- **2 EL Rosinen**

- **200 g durchwachsener Speck**
- **2 mittelgroße feste Äpfel (etwa 400 g)**
- **20 g zerlassene Butter**

Nach Belieben:
- **einige Basilikumblättchen**

Außerdem:
- **8 Holzspieße**
- **evtl. Grillschale**

1 Gehacktes in eine Schüssel geben. Zwiebel abziehen und in kleine Würfel schneiden. Zwiebelwürfel, Ei, Semmelbrösel, Salz, Pfeffer und Paprika zum Gehackten geben. Die Zutaten gut vermengen. Rosinen unterkneten. Aus der Gehacktesmasse mit angefeuchteten Händen kleine Bällchen formen.

2 Speck in große Würfel schneiden. Äpfel waschen, abtrocknen, halbieren, entkernen und in Achtel schneiden. Apfelstücke mit Butter bestreichen.

3 Abwechselnd Fleischbällchen, Speckwürfel und Apfelstücke auf Holzspieße stecken.

4 Die Spieße auf den heißen Grill (evtl. in eine gefettete Grillschale) legen und unter mehrmaligem Wenden etwa 12 Minuten grillen.

5 Die Spieße nach Belieben mit Basilikumblättchen garniert servieren.

■ Beilage:
Curryreis und verschiedene Dips.

■ Tipp:
Servieren Sie zu den Fleisch-Apfel-Spießchen einen Ingwer-Curry-Dip. Verrühren Sie dazu: 150 g Naturjoghurt mit 1 Becher (150 g) Crème fraîche, 1 gestr. Teelöffel Ingwerpulver, ½ Teelöffel Korianderpulver, 1 Teelöffel flüssigem Honig, 1 Teelöffel Dijon-Senf und 1 Esslöffel Ingwerkonfitüre. Schmecken Sie den Dip mit Salz, Zucker und Zimt ab.

Bulgarische Kräuterspiesse

8 Spieße

Zubereitungszeit: 40 Min.
Grillzeit: etwa 12 Min.

Pro Stück:
E: 10 g, F: 10 g, Kh: 11 g, kJ: 718, kcal: 172

Für die Hackfleischbällchen:

- **300 g Gehacktes (halb Lamm-, halb Schweinefleisch)**
- **1 Zwiebel**
- **1 Knoblauchzehe**
- **1 Ei (Größe M)**
- **80 g Semmelbrösel**
- **2 TL Paprikapulver edelsüß**
- **Salz**
- **frisch gemahlener Pfeffer**

- **je 2 grüne und rote Paprikaschoten (je 150 g)**
- **200 g kleine feste braune Champignons**
- **1 große Zwiebel**

Außerdem:

- **8 Holz- oder Metallspieße**
- **1–2 EL Maiskeimöl**

- **4 Kerbelstängel**
- **2 Thymianzweige**

1 Für die Hackfleischbällchen Gehacktes in eine Schüssel geben. Zwiebel und Knoblauch abziehen, in kleine Würfel schneiden. Zwiebel- und Knoblauchwürfel, Ei und Semmelbrösel zum Gehackten geben und gut vermengen. Gehacktesmasse mit Paprika, Salz und Pfeffer würzen. Aus der Gehacktesmasse mit angefeuchteten Händen 24 Bällchen formen.

2 Paprika halbieren, entstielen, entkernen und die weißen Scheidewände entfernen. Die Schoten waschen, abtropfen lassen und in Achtel schneiden, diese nochmals quer halbieren. Champignons putzen, mit Küchenpapier abreiben, evtl. abspülen und trockentupfen. Zwiebel abziehen, in Achtel schneiden und diese nochmals quer halbieren.

3 Die Gehacktesbällchen abwechselnd mit den Champignons, Paprika-und Zwiebelstücken auf die Spieße stecken und mit dem Öl bestreichen.

4 Spieße auf den heißen Grill legen und unter mehrmaligem Wenden etwa 12 Minuten grillen.

5 Kräuter abspülen, trockentupfen und in kleinere Stängel zupfen. Kleine Kräuterstängel nach dem Grillen in die Spieße stecken und die Spieße servieren.

Beilage:
Frisches Stangenweißbrot mit Knoblauchbutter und gebratene Auberginen.

Currywurst-Kartoffel-Spiesse

8 Spieße

Zubereitungszeit: 45 Min.
Grillzeit: etwa 8 Minuten

Pro Portion:
E: 25 g, F: 35 g, Kh: 20 g, kJ: 2047, kcal: 490

- **6 mittelgroße fest kochende Kartoffeln**
- **Wasser**
- **3 Zwiebeln**
- **4 Currywürste (etwa 500 g)**
- **150 g Frühstücksspeck in Scheiben, z. B. Bacon**
- **Salz, Pfeffer**
- **1–2 EL gehackte Petersilienblättchen**
- **8 Metall- oder Holzspieße**

1 Kartoffeln waschen, mit Wasser in einem Topf zum Kochen bringen und zugedeckt in etwa 20 Minuten gar kochen, abgießen, abdämpfen und etwas erkalten lassen.

2 Zwiebeln abziehen, zuerst in Scheiben schneiden und anschließend in Ringe teilen. Kartoffeln pellen. Currywürste und Kartoffeln in etwa 1 cm dicke Scheiben schneiden und abwechselnd mit den Speckscheiben auf die Spieße stecken. Die Speckscheiben dafür 2–3-mal zusammenlegen. Spieße mit Salz und Pfeffer bestreuen.

3 Die Spieße und die Zwiebelringe auf den heißen Grill legen und unter mehrmaligem Wenden in etwa 8 Minuten goldbraun grillen. Für die Zwiebelringe den Grillrost mit Alufolie (gefettet) belegen.

4 Currywurst-Kartoffel-Spieße mit den Zwiebelringen und den Petersilienblättchen bestreut servieren.

Tipp:
Servieren Sie dazu einen Frühlingsquark.

Mexikanische Geflügelspiesse

4 Spieße

Zubereitungszeit: 50 Min. ohne Marinierzeit
Grillzeit: etwa 10 Min.

Pro Portion:
E: 48 g, F: 18 g, Kh: 51 g, kJ: 2484, kcal: 593

- **2 Maiskolben**
- **600 g Hähnchenbrustfilet**
- **2 rote Paprikaschoten**

Für die Sherry-Marinade:
- **4 EL Sojaöl**
- **2 EL Sojasauce**
- **4 EL Sherry**
- **1 EL Sherryessig**
- **frisch gemahlener Pfeffer**

1 Maiskolben putzen und in kochendem Wasser etwa 20 Minuten garen, dann in 2 cm dicke Scheiben schneiden.

2 Hähnchenbrustfilet unter fließendem kalten Wasser abspülen, trockentupfen und in mundgerechte Stücke schneiden.

3 Paprika halbieren, entstielen, entkernen, die weißen Scheidewände entfernen, Schoten waschen und in Stücke schneiden.

4 Für die Marinade alle Zutaten miteinander verrühren, Fleisch darin etwa 60 Minuten marinieren, herausnehmen, abtupfen. Die Zutaten abwechselnd auf Spieße stecken, auf den heißen Grill legen und etwa 10 Minuten grillen. Zwischendurch wenden und mit der Marinade bestreichen.

Puten-Salbei-Spiesse

Foto – 4 Spieße

Zubereitungszeit: 25 Min.
Grillzeit: etwa 10 Min.

Pro Stück:
E: 40 g, F: 72 g, Kh: 0 g, kJ: 3557, kcal: 852

- **4 flache, dünne Scheiben Putenschnitzel (je 125 g)**
- **Salz**
- **Pfeffer**
- **12 dünne Scheiben Frühstücksspeck**
- **1 Bund frischer Salbei**
- **Speiseöl**

1 Putenschnitzel unter fließendem kalten Wasser abspülen, trockentupfen, mit Salz und Pfeffer bestreuen und mit je 3 Scheiben Frühstücksspeck belegen.

2 Salbei abspülen, Blättchen von den Stängeln zupfen und auf die Putenschnitzel verteilen.

3 Schnitzel von der langen Seite her aufrollen, jedes Schnitzel schräg in 4 gleich große Stücke schneiden, auf je einen Metallspieß stecken und mit Öl bestreichen.

4 Die Spieße auf dem heißen Grillrost von jeder Seite etwa 5 Minuten grillen.

■ Beilage:
Nudelsalat und Stangenweißbrot.

Putenschnitzel à la Saltimbocca

4 Portionen

Zubereitungszeit: 25 Min.
Grillzeit: 6–8 Min.
Pro Portion:
E: 47 g, F: 35 g, Kh: 8 g, kJ: 2384, kcal: 570

- **8 dünne Scheiben Putenschnitzel (je 100 g)**
- **Salz**
- **frisch gemahlener Pfeffer**
- **8 sehr dünne Scheiben luftgetrockneter Schinken**
- **8 Salbeiblätter**
- **2 EL Speiseöl**

1 Putenschnitzel unter fließendem kalten Wasser abspülen, trockentupfen und mit Salz und Pfeffer würzen.

2 Die Schnitzel mit je 1 Scheibe Schinken belegen und überklappen. Salbeiblätter abspülen, trockentupfen und auf jedes Fleischstück ein Salbeiblatt legen.

3 Die zusammengeklappten Schnitzel mit dem Salbeiblatt mit 1 Holzspieß feststecken und auf dem heißen Grill 6–8 Minuten unter Wenden grillen, zwischendurch mit Öl bestreichen.

Kaninchenrücken-Spiesse mit Pflaumen

Foto – 6 Spieße

Zubereitungszeit: 30 Min.
Grillzeit: 10–15 Min.

Pro Stück:
E: 42 g, F: 90 g, Kh: 21 g, kJ: 4694, kcal: 1121

- **2 kleine Kaninchenrücken**
- **12 Backpflaumen (ohne Stein)**
- **12 Scheiben Frühstücksspeck**
- **1 Zweig Thymian**
- **Salz**
- **Pfeffer**
- **3 EL Speiseöl**

1 Aus dem Kaninchenrücken die Filets heraustrennen (evtl. vom Metzger machen lassen), die Filets in etwa 3 cm große Stücke teilen.

2 Je eine Pflaume mit einer Scheibe Speck einwickeln. Jeweils 4 Stücke Kaninchenrücken und 2 Pflaumen auf 6 Spieße stecken.

3 Die Spieße mit Thymian, Salz und Pfeffer würzen. Mit Öl bestreichen, auf einen mit Alufolie belegten Grillrost legen, auf dem vorgeheizten Grill 10–15 Minuten grillen, zwischendurch wenden.

Tipp:
Dazu passen marinierte Champignons. Die Kaninchenfilets vorher in Kräuteröl marinieren und im Kühlschrank aufbewahren.

Entenbrustspiesse, gegrillt

4 Spieße

Zubereitungszeit: 30 Min.
Grillzeit: etwa 15 Min.

Pro Stück:
E: 32 g, F: 36 g, Kh: 2 g, kJ: 2091, kcal: 499

- **2 Entenbrustfilets (je 350 g)**
- **2 gelbe Paprika**
- **2 Knoblauchzehen**
- **Salz**
- **frisch gemahlener Pfeffer**
- **Rosmarinnadeln**
- **2 EL Olivenöl**

1 Entenbrust der Länge nach halbieren, in 3 cm große Würfel schneiden. Paprika waschen, vierteln, Kerne und weiße Scheidewände entfernen und in etwa 3 cm große Stücke teilen.

2 Entenbrust und Paprika abwechselnd auf Spieße stecken, darauf achten, dass die Fleischwürfel mit der Fettseite der Entenbrust alle nach einer Seite zeigen. Die Spieße mit Salz, Pfeffer, zerdrücktem Knoblauch und Rosmarinnadeln würzen, die Paprikastücke mit Öl bestreichen.

3 Die Entenbrustspieße auf Alufolie auf den heißen Grillrost legen und etwa 15 Minuten grillen, zwischendurch wenden.

Tipp:
Die Entenbrustspieße mit frischem Tomatensalat und Baguette servieren.

Kaninchenstücke am Rosmarinzweig

6 Spieße

Zubereitungszeit: 45 Min., ohne Durchziehzeit
Grillzeit: 15–30 Min.

Pro Portion:
E: 40 g, F: 20 g, Kh: 3 g, kJ: 1489, kcal: 356

- **1 kg Kaninchenfleisch (Rücken oder Keule)**
- **etwa 6 stärkere Rosmarinzweige**
- **400 g Schalotten (etwa 16 Stück)**
- **8 EL Olivenöl**
- **Salz**
- **frisch gemahlener bunter Pfeffer**

1 Kaninchenfleisch unter fließendem kalten Wasser abspülen und trockentupfen. Kaninchenfleisch vom Knochen lösen, evtl. den Bauchlappen entfernen und das Fleisch in etwa 2 x 2 cm große Stücke schneiden. Rosmarinzweige abspülen und trockentupfen. Vier Zweige beiseite legen. Von den restlichen Rosmarinzweigen die Nadeln abzupfen und grob hacken. Die beiseite gelegten Rosmarinzweige mit einem Messer am unteren Ende anspitzen.

2 Schalotten abziehen. Fleischstücke und Schalotten mit Hilfe eines Metallspießes durchbohren. Abwechselnd Fleischstücke und Schalotten auf die angespitzten Rosmarinzweige stecken. Die Spieße in eine flache Schale legen. Mit Pfeffer und Rosmarin bestreuen. Mit Olivenöl beträufeln und zugedeckt einige Stunden im Kühlschrank durchziehen lassen.

3 Die Spieße herausnehmen und auf dem heißen Grill (mit Alufolie belegt) 15–30 Minuten grillen. Mit Salz und evtl. nochmals mit Pfeffer würzen.

■ Beilage:
Gebackene Ofenkartoffeln.

■ Tipp:
Statt der Rosmarinzweige zum Aufspießen der Fleischstücke und Schalotten, können Sie auch Metall- oder Holzspieße verwenden. Wer die Schalotten weicher mag, kann sie vor dem Aufspießen in kochendem Salzwasser etwa 2 Minuten blanchieren, herausnehmen, mit kaltem Wasser abschrecken und trockentupfen. Statt Schalotten können auch kleine Zwiebeln verwendet werden.

Köstlichkeiten aus Neptuns Reich.

Fisch & Krustentiere

Gegrillte Goldbrasse

4 Portionen

Zubereitungszeit: 25 Min., ohne Abkühl- und Durchziehzeit
Grillzeit: etwa 30 Min.

Pro Portion:
E: 43 g, F: 25 g, Kh: 5 g, kJ: 1756, kcal: 419

- **4 kleine küchenfertige Goldbrassen (je 350–400 g)**
- **8 Tomaten (etwa 800 g)**
- **1 große Zwiebel**
- **4 Thymianzweige**
- **1 kleiner Topf Basilikum**
- **4 EL Olivenöl**
- **Salz**
- **frisch gemahlener Pfeffer**
- **Zitronensaft**
- **etwas Olivenöl**

1 Von den Goldbrassen die Bauch- und Rückenflossen mit einer Schere abschneiden. Goldbrassen innen und außen unter fließendem kalten Wasser abspülen und trockentupfen.

2 Tomaten waschen, kreuzweise einschneiden und einige Sekunden in kochendes Wasser legen. Tomaten kurz in kaltes Wasser legen, abtropfen lassen, enthäuten, halbieren, entkernen und Stängelansätze entfernen. Tomaten vierteln.

3 Zwiebel abziehen und fein würfeln. Thymian und Basilikum abspülen und trockentupfen. Die Blättchen von den Stängeln zupfen. Blättchen klein hacken.

4 Olivenöl in einem Topf erhitzen. Zwiebelwürfel darin glasig dünsten. Tomatenviertel und Kräuter hinzugeben und etwa 3 Minuten mit andünsten. Mit Salz und Pfeffer würzen, erkalten lassen.

5 Goldbrassen innen und außen mit Salz und Pfeffer einreiben. Mit Zitronensaft beträufeln.

(Fortsetzung Seite 70)

Etwas von der Tomaten-Kräuter-Masse in die Bauchhöhlen der Goldbrassen füllen, restliche Masse beiseite stellen. Schnittstellen mit Rouladennadeln zustecken. Anschließend in eine flache Schale legen und zugedeckt etwa 2 Stunden im Kühlschrank durchziehen lassen.

6 Die Goldbrassen dünn mit Öl einstreichen und auf dem heißen Grill etwa 30 Minuten grillen, zwischendurch den Fisch vorsichtig wenden.

7 Restliche Tomaten-Kräuter-Masse erwärmen und mit den Goldbrassen servieren.

■ **Beilage:**
Gegrilltes Knoblauch-Ciabatta.

■ **Tipp:**
Anstelle von Goldbrassen können z. B. auch Meerwolf oder Rotbarben verwendet werden. Zum Grillen von gefüllten Fischen eignen sich sehr gut Fischbratgitter.

Lachskoteletts vom Grill

4 Portionen

Zubereitungszeit: 25 Min.
Grillzeit: etwa 14 Min.

Pro Portion:
E: 35 g, F: 30 g, Kh: 5 g, kJ: 1795, kcal: 431

- **4 Lachskoteletts (je etwa 180 g)**
- **Salz**
- **frisch gemahlener Pfeffer**
- **Zitronensaft**
- **6 EL Speiseöl, z. B. Olivenöl**

- **8 mittelgroße Tomaten**
- **100 g Kräuterbutter**
- **½ Pck. Kresse**

1 Lachskoteletts unter fließendem kalten Wasser abspülen, trockentupfen, mit Salz und Pfeffer würzen, mit Zitronensaft beträufeln und mit Speiseöl bestreichen.

2 Die Lachskoteletts auf den heißen Grill legen und von jeder Seite etwa 7 Minuten grillen. Während des Grillens den Lachs mit Öl bestreichen.

3 Tomaten abspülen, trockentupfen und die Stängelansätze entfernen. Tomaten an der runden Seite kreuzweise einschneiden, mit Salz und Pfeffer würzen. Kräuterbutter in 16 Scheiben schneiden. Die Tomaten auf der eingeschnittenen Seite jeweils mit einer Scheibe Kräuterbutter belegen, in Alufolie wickeln und etwa 10 Minuten mitgrillen.

4 Kresse abspülen, abschneiden und trockentupfen. Die Lachskoteletts mit den restlichen Kräuterbutterscheiben und den ausgewickelten Tomaten servieren. Kresse zum Garnieren darüber streuen.

Lachs mit Tatarensauce

4 Portionen

Zubereitungszeit: 25 Min.
Grillzeit: etwa 8 Min.

Pro Portion:
E: 33 g, F: 38 g, Kh: 3 g, kJ: 2022, kcal: 485

- **4 Lachsfilets (je 150 g)**
- **50 g zerlassene, abgekühlte Butter**
- **Salz**
- **frisch gemahlener Pfeffer**

Für die Tatarensauce:
- **2 hart gekochte Eier**
- **3 Knoblauchzehen**
- **1 Becher (150 g) Crème fraîche**
- **2 EL Mayonnaise**
- **4 EL gehackte Kräuter, z. B. Petersilie, Estragon, Kerbel, Pimpinelle**

- **Grillschale**
- **etwas Speiseöl**

1 Lachsfilets unter fließendem kalten Wasser abspülen, trockentupfen und die Lachsfilets dünn mit der zerlassenen Butter bestreichen, mit Salz und Pfeffer bestreuen.

2 Für die Tatarensauce Eier pellen und in kleine Würfel schneiden. Knoblauchzehen abziehen und durch eine Knoblauchpresse drücken. Crème fraîche mit Mayonnaise verrühren, Eierwürfel, Knoblauch und Kräuter unterrühren. Die Sauce mit Salz und Pfeffer abschmecken.

3 Die Grillschale mit Öl ausstreichen, die Lachsfilets hineinlegen und auf den heißen Grill legen. Lachsfilets von beiden Seiten etwa 8 Minuten Minuten grillen, zwischendurch mit der restlichen Butter bestreichen. Lachs mit der Tatarensauce servieren.

■ Beilage:
Grillkartoffeln und gemischter Salat.

Doraden mit Tomaten

4 Portionen

Zubereitungszeit: 20 Min.
Grillzeit: 10–15 Min.

Pro Portion:
E: 32 g, F: 8 g, Kh: 3 g,
kJ: 944, kcal: 226

- **4 kleine, küchenfertige Doraden (Meerbrassen, je etwa 300 g)**
- **Saft von 1 Zitrone**
- **Salz**
- **grob gemahlener, weißer Pfeffer**
- **2 TL Kräuter der Provence**
- **6–8 EL Weizenkeimöl**
- **4 Tomaten**
- **Knoblauchsalz**
- **frisch gemahlener Pfeffer**
- **20 g Butter**

1 Doraden unter fließendem kalten Wasser abspülen, mit Zitronensaft beträufeln, mit Salz und Pfeffer innen und außen würzen, anschließend innen mit Kräutern der Provence ausstreuen.

2 Die Fische mit Öl bestreichen, auf den heißen Grillrost legen. Von jeder Seite 5–8 Minuten grillen, zwischendurch wieder mit Öl bestreichen.

3 Tomaten waschen, abtrocknen, Stielansatz entfernen, an der runden Seite kreuzweise einschneiden.

4 Die Tomaten mit Knoblauchsalz und Pfeffer bestreuen, mit Butterflöckchen belegen. 5 Minuten vor Ende der Grillzeit zu den Fischen auf den Rost legen.

■ Beigabe:
Knoblauchbaguette und Eisbergsalat.

■ Abwandlung:
In jeden Fisch je 1 Zweig Thymian und Rosmarin legen. Pfefferbutter in Scheiben schneiden und ebenfalls in den Fisch legen. Pfefferbutter kann fertig gekauft oder selbst gemacht werden: 125 g weiche Butter, Salz, 1 gestr. Teelöffel groben, bunten Pfeffer verrühren, auf Alufolie legen, zu einer Rolle formen und fest werden lassen. Dann die festgewordene Pfefferbutter in Scheiben schneiden. Die mit Pfefferbutter gefüllten Fische dann in Alufolie gewickelt etwa 15 Minuten grillen.
Statt Doraden können auch Forellen genommen werden.

Forelle, in Alufolie gegrillt

Foto – 4 Portionen

Zubereitungszeit: 35 Min.
Grillzeit: etwa 15 Min

Pro Portion:
E: 37 g, F: 5 g, Kh: 2 g,
kJ: 959, kcal: 229

- **4 küchenfertige Forellen**
- **Meersalz**
- **Pfeffer**
- **1 Bund Petersilie**
- **1 Bund Dill**
- **Saft von 1 Zitrone**

1 Forellen unter fließendem kalten Wasser abspülen, trockentupfen und innen und außen mit Salz und Pfeffer bestreuen.

2 Petersilie und Dill abspülen, trockentupfen, in die Forellen geben. Die Fische in Alufolie wickeln und auf den Grillrost legen, etwa 15 Minuten grillen, zwischendurch wenden.

3 Die Alufolie aufmachen und die Forellen mit Zitronensaft beträufeln.

Wolfsbarsch vom Grill

4 Portionen

Zubereitungszeit: 30 Min.
Grillzeit: 15–20 Min.

Pro Portion:
E: 46 g, F: 2 g, Kh: 1 g,
kJ: 992, kcal: 237

- **½ Fenchelknolle**
- **2 küchenfertige Stücke Wolfsbarsch (je 500 g)**
- **Salz**
- **frisch gemahlener Pfeffer**
- **Saft von 1 Zitrone**
- **2 cl Pernod**

1 Fenchelknolle putzen, waschen und in längliche Streifen schneiden.

2 Barsch unter fließendem kalten Wasser abspülen, mit Salz, Pfeffer, Zitronensaft und Pernod innen und außen würzen.

3 Die Bauchhöhle mit Fenchelstücken füllen, den Fisch in Alufolie wickeln, Enden zudrehen und auf den heißen Grillrost legen, 15–20 Minuten grillen, zwischendurch wenden.

■ Tipp:
Dazu passen frische Salate und gebackene Kartoffeln.

Knusprige Grillfische

4 Portionen

Zubereitungszeit: 30 Min.
Grillzeit: etwa 18 Min.

Pro Portion:
E: 76 g, F: 70 g, Kh: 2 g,
kJ: 4248, kcal: 1014

- **2 küchenfertige Forellen**
- **2 küchenfertige Makrelen**
- **Salz**
- **frisch gemahlener Pfeffer**
- **½ Zitrone (unbehandelt)**
- **4 Estragonzweige**
- **4 Petersilienstängel**
- **4 Lorbeerblätter**
- **2 Knoblauchzehen**
- **2 Lorbeerblätter**
- **125 ml (⅛ l) Speiseöl**
- **Kräuter der Provence**

1 Fische unter fließendem kalten Wasser abspülen, trockentupfen, innen mit Salz und Pfeffer ausreiben.

2 Zitrone in 4 dünne Spalten schneiden. Kräuter abspülen und trockentupfen.

3 Jeden Fisch mit 1 Zitronenspalte, 1 Estragonzweig, 1 Petersilienstängel und einem von den Lorbeerblättern füllen. Fische in Grillkörbe legen.

4 Knoblauch abziehen, fein hacken, durch die Knoblauchpresse drücken. Lorbeerblätter fein zerbröseln, mit Speiseöl verrühren, Knoblauch hinzufügen und mit Kräutern der Provence kräftig abschmecken.

5 Fische mit der Ölmischung bestreichen, auf den heißen Grillrost legen, etwa 18 Minuten grillen, zwischendurch wenden und mehrmals mit der Ölmischung bestreichen.

Beilage:
Herzhaftes Bauernbrot, bunte Salatplatte.

Abwandlung:
Kräuterbutter auf ein genügend großes Stück Alufolie verstreichen. Darauf in Weißwein gedünstete Zwiebelstreifen legen und dann die Fische darauf legen. Die Alufolie verschließen und etwa 15 Minuten grillen. Oder eine Mischung aus Tomaten, Zucchini und Paprika dünsten, mit Salz, Pfeffer und Knoblauch würzen und auf ein Stück Alufolie legen. Als letztes wieder den Fisch darauf legen und verschließen. Statt der Makrelen können bei der zweiten Variante auch Rotbarben genommen werden. Bei beiden Varianten werden die Fische aber nicht knusprig.

Meeräsche in Folie gegrillt

4 Portionen

Zubereitungszeit: 30 Min., ohne Auftau- und Marinierzeit
Grillzeit: etwa 20 Min.

Pro Portion:
E: 31 g, F: 17 g, Kh: 5 g, kJ: 1241, kcal: 298

- **4 TK-Filets von der Meeräsche (je etwa 150 g)**
- **Salz**
- **frisch gemahlener Pfeffer**

- **1 Staudensellerie (etwa 500 g)**
- **2 Tomaten (etwa 200 g)**
- **1 kleiner Topf Zitronenmelisse**
- **1 EL (40 g) Kapern**
- **Knoblauchpulver**

Außerdem:
- **4 Bögen starke Alufolie**
- **4 EL Olivenöl**
- **Saft von 1 Limette**

1 Fischfilets nach Packungsanleitung auftauen lassen. Anschließend unter fließendem kalten Wasser abspülen und trockentupfen. Mit Salz, Pfeffer bestreuen.

2 Sellerie putzen und die harten Außenfäden abziehen. Sellerie waschen, abtropfen lassen, in dünne Scheiben schneiden und in kochendem Wasser kurz blanchieren. Selleriescheiben in ein Sieb geben, mit kaltem Wasser übergießen und abtropfen lassen. Tomaten waschen, trockentupfen, vierteln, entkernen und die Stängelansätze herausschneiden. Fruchtfleisch in Würfel schneiden.

3 Zitronenmelisse abspülen, trockentupfen, die Blättchen von den Stängeln zupfen. Einige Blättchen zum Garnieren beiseite legen. Restliche Blättchen grob hacken. Selleriescheiben, Tomatenwürfel, Melisseblättchen und Kapern in einer Schüssel gut vermengen. Mit Salz, Pfeffer und Knoblauch würzen.

4 Jeweils 1 Fischfilet auf einen Bogen Alufolie (dünn mit Olivenöl bestrichen) legen. Die Gemüsemischung auf den Filets verteilen. Je 1 Esslöffel Olivenöl darauf träufeln. Die Alufolie so zusammenfalten, dass keine Flüssigkeit auslaufen kann. Die gefüllten Päckchen zum Marinieren etwa 2 Stunden in den Kühlschrank stellen.

5 Die vorbereiteten Päckchen auf dem heißen Grill etwa 20 Minuten grillen. Zum Servieren die Päckchen öffnen, die Filets mit dem Limettensaft beträufeln und mit den beiseite gelegten Zitronenmelisseblättchen garnieren.

Beilage:
Kleine, neue gegrillte Pellkartoffeln.

Tipp:
Statt Meeräsche eignen sich auch Dorsch, Lachs oder Schellfisch.

Zahnbrasse mit Austernpilzgemüse

4 Portionen

Zubereitungszeit: 35 Min.
Grillzeit: etwa 8 Min.

Pro Portion:
E: 29 g, F: 18 g, Kh: 6 g, kJ: 1260, kcal: 301

- **4 Zahnbrassenfilets (je etwa 150 g) oder Rotbarben**
- **2–3 EL Zitronensaft**
- **Salz**
- **frisch gemahlener Pfeffer**

- **1 Bund Frühlingszwiebeln**
- **400 g Austernpilze**
- **2–3 Tomaten**
- **2 Knoblauchzehen**
- **40 g Butter**

- **2 EL Olivenöl**

1 Fischfilets unter fließendem kalten Wasser abspülen, trockentupfen, mit Zitronensaft beträufeln und mit Salz und Pfeffer würzen.

2 Frühlingszwiebeln putzen, waschen, abtropfen lassen und in 1–2 cm große Stücke schneiden. Austernpilze putzen, mit Küchenpapier abreiben, evtl. abspülen und trockentupfen. Pilze in grobe Stücke schneiden.

3 Tomaten waschen, abtrocknen und halbieren. Stängelansätze und Kerne entfernen. Tomatenfruchtfleisch in Würfel schneiden. Knoblauch abziehen und durch eine Knoblauchpresse drücken.

4 Butter in einer Pfanne zerlassen. Frühlingszwiebel- und Pilzstücke darin andünsten. Tomatenwürfel und Knoblauch hinzufügen, kurz mitdünsten, mit Salz und Pfeffer würzen. Austernpilzgemüse warm stellen.

5 Brassenfilets dünn mit Olivenöl einstreichen, auf den heißen Grill (mit Alufolie belegt) legen. Filets von jeder Seite etwa 4 Minuten grillen und mit dem Austernpilzgemüse servieren.

Riesengarnelen mit Teufelssauce

4 Portionen

Zubereitungszeit: 30 Min., ohne Auftau- und Durchziehzeit
Grillzeit: etwa 10 Min.

Pro Portion:
E: 7 g, F: 8 g, Kh: 19 g, kJ: 743, kcal: 177

- **etwa 20 TK-Riesengarnelen (roh, mit Schale)**
- **8 Knoblauchzehen**
- **5 EL Olivenöl**

Für die Teufelssauce:

- **2 Knoblauchzehen**
- **1 Zwiebel**
- **1 rote Chilischote**
- **2 EL Olivenöl**
- **2 EL Tomatenmark**
- **2 EL brauner Zucker**
- **2 EL Weißweinessig**
- **150 g Tomatenketchup**

Außerdem:

- **Grillschale**
- **Olivenöl**

1 Garnelen nach Packungsanleitung auftauen lassen, evtl. längs einschneiden und den Darm entfernen. Anschließend die Garnelen kalt abspülen und trockentupfen.

2 Knoblauch abziehen, durch eine Knoblauchpresse drücken und mit dem Olivenöl verrühren. Garnelen in eine Schale legen, mit dem Knoblauchöl beträufeln und zugedeckt 2–3 Stunden im Kühlschrank durchziehen lassen.

3 Für die Teufelssauce Knoblauch und Zwiebel abziehen, in feine Würfel schneiden. Chilischote waschen, trockentupfen und längs halbieren. Schote entstielen, entkernen und in kleine Stücke schneiden.

4 Olivenöl in einer Pfanne erhitzen. Knoblauch- und Zwiebelwürfel darin andünsten. Chilistücke dazugeben und kurz andünsten. Tomatenmark, Zucker, Essig und Ketchup unterrühren und die Sauce kurz aufkochen lassen, beiseite stellen.

5 Grillschale dünn mit Olivenöl ausstreichen und auf den heißen Grill legen. Garnelen in der Grillschale unter Wenden etwa 10 Minuten grillen, die Schale der Garnelen soll sich dabei rot färben.

6 Riesengarnelen mit der beiseite gestellten Teufelssauce servieren.

Beilage:
Baguette.

Garnelen-Gemüse-Röllchen

4 Portionen

Zubereitungszeit: 20 Min., ohne Marinierzeit
Grillzeit: etwa 6 Min.

Pro Portion:
E: 3 g, F: 18 g, Kh: 3 g, kJ: 822, kcal: 195

- **16 frische oder TK-Riesengarnelen (ohne Schale)**

Für die Marinade:
- **2 Knoblauchzehen**
- **1 kleine, rote Peperoni**
- **2 EL Zitronensaft**
- **Salz**
- **frisch gemahlener Pfeffer**
- **3 EL Olivenöl**

- **1 kleine Zucchini**
- **½ kleine Aubergine**
- **2 EL Olivenöl**

1 Von den Riesengarnelen (tiefgekühlte Garnelen vorher auftauen lassen) den Darm entfernen, die Garnelen unter fließendem kalten Wasser abspülen und trockentupfen.

2 Für die Marinade Knoblauch abziehen und zerdrücken. Peperoni halbieren, entkernen, waschen und in feine Würfel schneiden. Die beiden Zutaten mit Zitronensaft, Salz, Pfeffer und Olivenöl verrühren.

3 Die Riesengarnelen in der Marinade etwa 30 Minuten durchziehen lassen.

4 Zucchini und Aubergine putzen, waschen und mit einem breiten Sparschäler längs in dünne Scheiben schneiden.

5 Die Garnelen aus der Marinade nehmen, trockentupfen, jeweils 1 Garnele auf einen Gemüsestreifen legen, zusammenrollen und mit einem Holzspießchen feststecken.

6 Die Garnelen-Gemüse-Röllchen mit Olivenöl bestreichen und von jeder Seite etwa 3 Minuten auf geölter Alufolie grillen.

Tipp:
Nach Geschmack würzen.

Gegrillte Kräutergarnelen

Foto – 4 Portionen

Zubereitungszeit: 25 Min., ohne Marinierzeit
Grillzeit: etwa 8 Min.

Pro Portion:
E: 30 g, F: 21 g, Kh: 3 g, kJ: 1447, kcal: 345

- **12 große Garnelenschwänze (je etwa 80 g, mit Schale)**
- **8 EL Olivenöl**
- **2 TL Cognac**
- **2–3 EL frische Kräuter, z. B. Petersilie, Basilikum, Kerbel, Meersalz, Cayennepfeffer**

1 Von den Garnelenschwänzen die Schale entfernen, am Rücken einschneiden und den Darm entfernen. Garnelen unter fließendem kalten Wasser abspülen und trockentupfen.

2 Olivenöl mit Cognac, Kräutern, Meersalz und Cayennepfeffer verrühren. Garnelen am besten über Nacht in die Marinade legen und zwischendurch wenden.

3 Garnelen auf Alufolie legen und auf dem heißen Grillrost etwa 8 Minuten grillen, zwischendurch wenden und mit der Marinade bestreichen.

Beilage:
Weißbrot, Knoblauchbutter, Kräuterbutter, Gurkensalat.

Goldbarschfilet Hongkong

4 Portionen

Zubereitungszeit: 25 Min., ohne Marinierzeit
Grillzeit: etwa 12 Min.

Pro Portion:
E: 30 g, F: 21 g, Kh: 3 g, kJ: 1447, kcal: 345

- **3 EL Zitronensaft**
- **5 EL Sesamöl**
- **3 EL Sojasauce**
- **1 EL Mango-Chutney**
- **Salz**
- **Pfeffer**
- **½ TL frisch geriebene Ingwerwurzel**
- **etwas Honig**
- **4 Scheiben Goldbarschfilet (je 180 g)**

1 Für die Marinade Zitronensaft, Sesamöl und Sojasauce verrühren. Mit Mango-Chutney, Salz, Pfeffer und Ingwer würzen und mit Honig abschmecken.

2 Fischfilets unter fließendem kalten Wasser abspülen, trockentupfen, in die Marinade legen, wenden und für 2 Stunden zugedeckt stehen lassen. Zwischendurch nochmals wenden.

3 Die Filetstücke aus der Marinade nehmen, etwas abtupfen und auf den heißen Grillrost legen.

4 Von jeder Seite 6 Minuten grillen und zwischendurch ab und zu mit der Marinade bestreichen.

Tipp:
Statt Goldbarschfilet kann auch Rotbarschfilet genommen werden.

Riesengarnelenspiesse

4 Spieße

Zubereitungszeit: 20 Min.
Grillzeit: etwa 8 Min.

Pro Stück:
E: 46 g, F: 19 g, Kh: 11 g, kJ: 1813, kcal: 432

- **16 TK-Riesengarnelen (ohne Kopf, mit Schale)**
- **200 g Cocktailtomaten**
- **1 gelbe Paprikaschote**
- **Salz**
- **6 Knoblauchzehen**
- **12 kleine Champignons**
- **4 EL Speiseöl**
- **1 EL Zitronensaft**
- **Salz**
- **1 Prise Zucker**

- **Holz- oder Metallspieße**

1 Riesengarnelen nach Packungsanleitung auftauen lassen. Cocktailtomaten unter fließendem kalten Wasser abspülen, trockentupfen, halbieren und Stängelansätze herausschneiden.

2 Paprikaschote halbieren, entstielen, entkernen und die weißen Scheidewände entfernen. Schote waschen, in größere Stücke schneiden, in Salzwasser 3–4 Minuten kochen lassen, zum Abtropfen auf ein Sieb geben und enthäuten.

3 Vier Knoblauchzehen abziehen und halbieren. Champignons putzen, mit Küchenpapier abreiben, evtl. abspülen.

4 Alle Zutaten abwechselnd auf Holz- oder Metallspieße stecken. Restliche Knoblauchzehen abziehen und durch eine Knoblauchpresse drücken. Öl mit dem Knoblauchmus, Zitronensaft, Salz und Zucker verrühren und die Spieße damit bestreichen.

5 Die Spieße (evtl. auf Alufolie legen) auf den heißen Grillrost legen, etwa 4 Minuten von beiden Seiten grillen, zwischendurch mit Knoblauchöl bestreichen.

Tipp:
Geröstetes Fladenbrot oder Ciabatta dazureichen.

Grüne Heringe in Kräuterbutter

4 Portionen

Zubereitungszeit: 25 Min.
Grillzeit: 10–15 Min.

Pro Portion:
E: 32 g, F: 44 g, Kh: 3 g, kJ: 2398, kcal: 574

- **4 küchenfertige, grüne Heringe**
- **4 EL Zitronensaft**
- **Salz**
- **100 g Kräuterbutter**

1 Heringe unter fließendem kalten Wasser abspülen, trockentupfen und mit Zitronensaft beträufeln.

2 Innen und außen mit Salz einreiben, die Hälfte der Kräuterbutter zerlassen und die Heringe innen und außen damit bestreichen.

3 Die Heringe auf den heißen Grill legen und 10–15 Minuten grillen. Dabei nach der Hälfte der Zeit einmal wenden.

4 Die restliche Kräuterbutter erhitzen und die Fische vor dem Servieren damit begießen.

Tipp:
Folienkartoffeln oder Reis mit buntem Blattsalat dazureichen. Grüne Heringe heißen grün, weil sie frisch gefangen werden und unbehandelt sind.

Heilbutt-Auberginen-Rollen

4 Portionen

Zubereitungszeit: 30 Min., ohne Marinierzeit
Grillzeit: etwa 12 Min.

Pro Portion:
E: 33 g, F: 16 g, Kh: 7 g, kJ: 1420, kcal: 339

- **4 Heilbuttsteaks (je 150 g)**
- **1 Aubergine**
- **Salz**
- **2 EL Zitronensaft**
- **3 EL Wermut (Noilly Prat)**
- **2 EL Sojasauce**
- **1 EL Anislikör**
- **abgeriebene Schale von ½ Limone (unbehandelt)**
- **4 EL Sesamöl**
- **Salz**
- **frisch gemahlener Pfeffer**
- **2 EL Weizenmehl**

1 Heilbuttsteaks unter fließendem kalten Wasser abspülen und trockentupfen.

2 Aubergine waschen und die Enden abschneiden. Aubergine längs in dünne Scheiben schneiden (evtl. mit der Aufschnittmaschine), die Scheiben nebeneinander legen, mit Salz bestreuen, etwa 10 Minuten ziehen lassen. Die Auberginenscheiben abtupfen und mit Zitronensaft beträufeln.

3 Wermut mit Sojasauce, Anislikör, Limonenschale und Sesamöl verrühren, mit Salz und Pfeffer abschmecken.

4 Heilbuttstückchen am besten über Nacht in die Marinade einlegen, zwischendurch wenden.

5 Die Heilbuttstückchen aus der Marinade nehmen, abtupfen, mit den Auberginenscheiben umwickeln, mit Zahnstochern befestigen und mit Mehl bestäuben.

6 Röllchen auf einen mit Alufolie belegten Grillrost legen, auf dem vorgeheizten Grill etwa 12 Minuten grillen. Zwischendurch wenden und mehrmals mit der Marinade bestreichen.

Sardinenspiesschen

4 Spieße

Zubereitungszeit: 35 Min., ohne Marinierzeit
Grillzeit: etwa 4 Min.

Pro Stück:
E: 6 g, F: 32 g, Kh: 4 g, kJ: 1446, kcal: 346

- **16 Sardinen**

Für die Marinade:
- **125 ml (1/8 l) Olivenöl**
- **3 EL Zitronensaft**
- **1 TL Salz**
- **frisch gemahlener Pfeffer**
- **Rosmarinnadeln von 1 Zweig frischem Rosmarin**
- **4 Knoblauchzehen**
- **1 rote Chilischote**
- **2 EL frische, gemischte Kräuter, z. B. Petersilie, Thymian, Schnittlauch**
- **4 Zitronenviertel**

1 Sardinen evtl. schuppen, Köpfe abschneiden, dann den Bauch vom Schwanz bis zum Kopf aufschneiden. Die Innereien entfernen.

2 Die Sardinen aufklappen und mit einem breiten Messer flach drücken. Die Mittelgräte und einzelne Gräten entfernen. Die Fische unter fließendem kalten Wasser abspülen und trockentupfen. Die Fische der Länge nach teilen, so dass zwei Filets pro Fisch entstehen.

3 Für die Marinade Öl, Zitronensaft, Salz, Pfeffer und Rosmarinnadeln verrühren. Knoblauch abziehen, zerdrücken und in die Marinade geben.

4 Chilischote halbieren, entkernen, abspülen und fein würfeln. Chiliwürfel mit den Kräutern in die Marinade rühren, die Sardinenfilets etwa 1 Stunde darin marinieren, evtl. wenden.

5 Die Sardinenfilets aus der Marinade nehmen, trockentupfen und jeweils 8 Filets auf einen Metallspieß stecken.

6 Die Spießchen auf den heißen Grillrost (evtl. auf Alufolie) legen, nach etwa 2 Minuten wenden.

7 Sardinenspieße mit Zitronenvierteln servieren.

Tipp:
2–3 grüne Chilischoten oder 1 in feine Streifen geschnittene Zucchini mit den Sardinen marinieren. Die Gemüsestreifen auf die Innenseite der Sardellenfilets legen, die Filets mit der Hautseite nach außen aufrollen und die Sardinenröllchen auf die Spieße stecken.

Gemüse & Obst

Die köstliche Verwandlung von Gemüse und Obst.

Champignonhüte provenzalisch

4 Portionen

Zubereitungszeit: 25 Min.
Grillzeit: 4–6 Min.

Pro Portion:
E: 1 g, F: 18 g, Kh: 1 g, kJ: 750, kcal: 179

- **16 mittelgroße Champignons**
- **2 Knoblauchzehen**
- **6 EL Sonnenblumenöl**
- **einige Rosmarinnadeln**
- **1 TL gehackte Thymianblättchen**
- **5 gehackte Salbeiblättchen**
- **1 zerriebenes Lorbeerblatt**

1 Champignons putzen, mit Küchenpapier abreiben, evtl. abspülen und trockentupfen. Die Stiele herausdrehen.

2 Knoblauch abziehen, fein würfeln, mit Sonnenblumenöl, Rosmarinnadeln, Thymianblättchen, Salbeiblättchen und Lorbeerblatt verrühren.

3 Champignonhüte innen und außen mit der Ölmischung bestreichen, mit der Unterseite nach oben auf den heißen Grillrost legen, 2–3 Minuten grillen, wenden, nochmals mit der Ölmischung bestreichen und weitere 2–3 Minuten grillen.

■ **Tipp:**
Anstatt der Champignons können auch Steinpilze oder Austernpilze genommen werden.

■ **Abwandlung:**
Mit der gleichen Marinade können Sie auch Zucchini und Auberginen marinieren. Dazu je eine Zucchini oder Aubergine waschen, längs in Scheiben schneiden (evtl. mit der Aufschnittmaschine), mit der Marinade bestreichen und 2–3 Stunden marinieren.

Grilltomaten

Foto – 4 Stück

Zubereitungszeit: 25 Min.
Grillzeit: etwa 10 Min.

Pro Stück:
E: 2 g, F: 6 g, Kh: 5 g,
kJ: 361, kcal: 87

- **4 große Tomaten (je 150 g)**
- **1 Prise Salz**
- **frisch gemahlener, schwarzer Pfeffer**
- **1 Knoblauchzehe**
- **2 EL Olivenöl**
- **2 Zweige Thymian**
- **10 Basilikumblättchen**

1 Tomaten waschen, abtrocknen, an der runden Seite kreuzförmig einritzen, mit Salz und Pfeffer bestreuen.

2 Knoblauch abziehen, durch die Knoblauchpresse drücken und mit Olivenöl verrühren.

3 Kräuter abspülen und trockentupfen. Thymianblättchen abzupfen, mit den Basilikumblättchen fein hacken und mit dem Öl verrühren.

4 Den Grillrost mit Alufolie bespannen, die Tomaten mit Öl bestreichen, auf den heißen Grillrost setzen, nach 5 Minuten Grillzeit erneut bestreichen und nochmals 5 Minuten weitergrillen.

Tipp:
Statt der 4 großen Tomaten 12 kleine Strauchtomaten nehmen, diese dann nur 3–5 Minuten grillen.

Gegrillter Knoblauch auf Brot

8 Portionen

Zubereitungszeit: 15 Min.

Pro Portion:
E: 4 g, F: 0 g, Kh: 20 g,
kJ: 442, kcal: 106

- **4–6 ganze Knoblauchknollen**
- **8 Weißbrotscheiben**

1 Knoblauchknollen auf den Rost (oder auf Alufolie) des Grills legen, unter Wenden grillen, bis die äußere Schale fast verkohlt und das Innere weich ist.

2 Die Zehen herausdrücken und auf die Weißbrotscheiben streichen.

Abwandlung:
Ein kleines Baguette mehrfach schräg einschneiden. Knoblauchzehen abziehen, mit etwas Salz zerdrücken und in die Broteinschnitte streichen. Das Brot dann auf den Grillrost legen und etwa 15 Minuten grillen, ab und zu wenden.

Buntes Barbecue-Gemüse mit Kräuterbutter

4 Portionen

Zubereitungszeit: 50 Min.
Grillzeit: etwa 25 Min.

Pro Portion:
E: 4 g, F: 23 g, Kh: 11 g, kJ: 1169, kcal: 279

- **1 Aubergine (250 g)**
- **Salz**
- **1 Zucchini (200 g)**
- **200 g Champignons**
- **2 Zwiebeln**
- **350 g Cocktailtomaten**
- **2 rote Paprikaschoten**
- **1 Chilischote**
- **125 g Kräuterbutter (selbst gemacht oder Fertigprodukt)**
- **Salz**
- **frisch gemahlener, schwarzer Pfeffer**

1 Aubergine putzen, den Stängelansatz abschneiden, Aubergine waschen, in Scheiben schneiden, mit Salz bestreuen und etwa 10 Minuten liegen lassen. Danach die Auberginenscheiben abspülen und trockentupfen.

2 Von der Zucchini die Enden abschneiden, Zucchini putzen, waschen und in Scheiben schneiden. Champignons putzen, mit Küchenpapier abreiben, evtl. abspülen und ebenfalls in Scheiben schneiden.

3 Zwiebeln abziehen und in Ringe schneiden. Cocktailtomaten waschen und halbieren. Paprikaschoten halbieren, entstielen, entkernen, die weißen Scheidewände entfernen, Schoten waschen und in mundgerechte Stücke schneiden. Chilischote waschen, halbieren, entkernen und fein würfeln.

4 Das Gemüse in eine Alugrillschale schichten. Kräuterbutter in Scheiben schneiden und auf dem Gemüse verteilen und die Aluschale auf den heißen Grillrost stellen. Das Gemüse etwa 25 Minuten grillen. Mit Salz und Pfeffer bestreuen.

■ Beilage:
Fladenbrot und Schafkäse.

■ Abwandlung (Foto):
Statt das Gemüse in eine Alugrillschale zu schichten, auf 4 Holz- oder Metallspieße stecken, dann statt der Kräuterbutter Olivenöl mit Kräutern der Provence mischen, die Spieße damit bestreichen (Butter verbrennt sonst zu schnell).

Grillkartoffeln und gegrilltes Gemüse

4 Portionen

Zubereitungszeit: 40 Min., ohne Marinierzeit
Grillzeit: etwa 15 Min.

Pro Portion:
E: 7 g, F: 32 g, Kh: 33 g, kJ: 1916, kcal: 457

- **800 g kleine Frühkartoffeln**
- **600 g Steckrüben**
- **2 kleine Zucchini**
- **125 ml (1/8 l) Olivenöl**
- **1 Sträußchen frischer Thymian**
- **2 Zweige Rosmarin**
- **grobkörniges Salz, z. B. Meersalz**
- **frisch gemahlener Pfeffer**

1 Kartoffeln gründlich unter fließendem kalten Wasser abbürsten. Die Kartoffeln sollten etwa gleich groß sein, damit sie auch die gleiche Garzeit haben. Die Kartoffeln in kochendem Salzwasser etwa 15 Minuten vorgaren.

2 Die vorgegarten Kartoffeln trockentupfen. Steckrübe putzen, schälen, in Salzwasser etwa 15 Minuten vorgaren, dann abgießen und etwas abkühlen lassen.

3 Steckrübe in Scheiben schneiden, je nach Größe die Scheiben evtl. halbieren. Von den Zucchini die Enden abschneiden, Zucchini putzen, waschen und längs in dicke Scheiben schneiden.

4 Öl mit Thymianblättchen, Rosmarinnadeln, Salz und Pfeffer in einer Schüssel verrühren. Die Kartoffeln, Steckrübenscheiben und Zucchini mit der Öl-Kräuter-Mischung bepinseln und etwa 1 Stunde marinieren.

5 Die Kartoffeln und das Gemüse aus der Marinade nehmen, trockentupfen und auf den heißen Grill des Holzkohlengrills legen, etwa 15 Minuten grillen. Dabei ab und zu wenden und mit dem verbliebenen Öl bestreichen.

6 Die Kartoffeln und das Gemüse mit Salz bestreut servieren.

Tipp:
Die Kartoffeln und Steckrüben können auch schon am Vortag vorgegart werden, in der Marinade können sie bis zu 2 Stunden durchziehen.

Tomaten-Schafkäse-Pfännchen

4 Portionen

Zubereitungszeit: 35 Min.
Grillzeit: etwa 15 Min.

Pro Portion:
E: 9 g, F: 28 g, Kh: 3 g,
kJ: 1324, kcal: 317

- **4 große Tomaten**
- **200 g Schafkäse**
- **½ Bund glatte Petersilie**
- **6 EL Olivenöl**
- **frisch gemahlener, weißer Pfeffer**
- **Kräuter-Gewürzsalz**
- **abgeriebene Zitronenschale von ½ Zitrone (unbehandelt)**

1 Tomaten waschen, halbieren, die Stängelansätze herausschneiden, Tomaten in Scheiben schneiden. Schafkäse ebenfalls in Scheiben schneiden.

2 Aus doppelt gefalteter Alufolie rechteckige Formen falten und mit 1 Esslöffel Öl auspinseln.

3 Käse, Tomaten und Petersilienblätter dachziegelartig einschichten. Mit Pfeffer und Kräuter-Gewürzsalz bestreuen und die Alupfännchen 10–15 Minuten auf den heißen Grillrost legen.

4 Mit restlichem Öl beträufeln und mit Zitronenschale bestreuen.

■ **Abwandlung:**
Zucchini-Käse-Pfännchen
Von 4 kleinen Zucchini die Enden abschneiden, Zucchini putzen, waschen und längs bis kurz vor dem Ende dreimal einschneiden. In jeden Zucchinieinschnitt 1 Scheibe Raclette-Käse (12 Scheiben insgesamt) stecken. Die Zucchini mit Meersalz und buntem Pfeffer würzen. Die Alupfännchen mit 1–2 Esslöffeln Sojaöl bestreichen, die Zucchinifächer darauf legen, auf den heißen Grill legen, etwa 15 Minuten garen. Mit Paprikapulver bestreut servieren.

Gegrillter Radicchio im Speckmantel

Foto – 4 Portionen

Zubereitungszeit: 20 Min.
Grillzeit: 5–7 Min.

Pro Portion:
E: 8 g, F: 8 g, Kh: 8 g,
kJ: 585, kcal: 141

- **4 mittelgroße längliche Radicchio-Köpfe**
- **8 EL fertiges Salat-Dressing (z. B. French-Dressing)**
- **frisch gemahlener Pfeffer**
- **16 Scheiben Frühstücksspeck (Bacon)**

- **kleine Holzspieße**

1 Von dem Radicchio die welken Blätter entfernen. Radicchio abspülen und abtropfen lassen. Radicchioköpfe der Länge nach halbieren.

2 Je 1 Esslöffel Salat-Dressing in die Blätter träufeln, etwas einziehen lassen. Radicchiohälften mit Pfeffer bestreuen und mit je 2 Frühstücksspeckscheiben fest umwickeln. Diese mit Holzspießen feststecken.

3 Vorbereiteten Radicchio in einer Grillschale (dünn gefettet) auf dem heißen Grillrost unter vorsichtigem Wenden 5–7 Minuten grillen, bis der Speck knusprig ist.

■ Tipp:
Auch Chicorée können Sie auf diese Art grillen. Und für alle, die es exotischer mögen, Bananen in Speck einwickeln und auf Alufolie auf dem Grill zubereiten.

Pfeffrige Obstpfanne

6 Portionen

Zubereitungszeit: 30 Min.
Grillzeit: etwa 15 Min.

Pro Portion:
E: 0 g, F: 8 g, Kh: 19 g,
kJ: 706, kcal: 169

- **6 Scheiben vorbereitete frische Ananas**
- **150 g Kaiserkirschen (aus dem Glas)**
- **3 EL Honig**
- **3 EL Kirschwasser**
- **4 EL Erdnussöl**
- **je 1 TL getrockneter, grüner und roter Pfeffer**

1 Die Ananasscheiben und Kirschen in einer Alu-Grillpfanne verteilen.

2 Honig, Kirschwasser und Erdnussöl verrühren. Das Obst mit einem Teil der Mischung bestreichen. Pfeffer zerstoßen und das Obst damit bestreuen.

3 Die Grillpfanne auf den Grill legen und das Obst etwa 15 Minuten grillen, ab und zu mit der restlichen Marinade bestreichen.

Kartoffel-Feta-Puffer vom Grill

8–12 Stück

Zubereitungszeit: 40 Min., ohne Abkühlzeit
Grillzeit: etwa 8 Min.

Pro Portion:
E: 20 g, F: 17 g, Kh: 43 g, kJ: 1717, kcal: 410

- **750 g mehlig kochende Kartoffeln**
- **1 gestr. TL Salz**
- **2 mittelgroße Möhren**
- **250 g Feta-Käse**
- **3 Frühlingszwiebeln**
- **2 Dillstängel**
- **2 Eier (Größe M)**
- **Saft und abgeriebene Schale von ½ Bio-Zitrone (unbehandelt, ungewachst)**
- **Salz**
- **frisch gemahlener Pfeffer**
- **2 EL Weizenmehl**
- **6 EL Semmelbrösel**

Außerdem:
- **extrastarke Alufolie**
- **Olivenöl zum Bestreichen**

1 Kartoffeln waschen, schälen und abspülen. Kartoffeln mit Wasser und Salz zum Kochen bringen und zugedeckt in etwa 25 Minuten gar kochen. Kartoffeln abgießen, sofort durch eine Kartoffelpresse drücken oder mit einem Kartoffelstampfer zerstampfen und in eine Schüssel geben, etwas abkühlen lassen.

2 Möhren putzen, schälen, waschen und abtropfen lassen. Möhren grob raspeln. Feta-Käse in Stücke schneiden und mit Hilfe einer Gabel zerdrücken.

3 Frühlingszwiebeln putzen, waschen, abtropfen lassen und in feine Ringe schneiden. Dill abspülen, trockenschütteln oder -tupfen und die Blättchen von den Stängeln zupfen. Blättchen fein hacken.

4 Möhrenraspel, Feta-Käse, Frühlingszwiebelringe, Dill, Eier, Zitronensaft und -schale zu den zerstampften Kartoffeln geben und die Zutaten gut vermengen. Kartoffel-Gemüse-Masse mit Salz und Pfeffer abschmecken.

5 Mehl und Semmelbrösel in einer flachen Schale vermischen. Aus der Kartoffel-Gemüse-Masse etwa 2 cm dicke Puffer formen und diese in der Mehl-Semmelbrösel-Mischung wenden, Panade gut andrücken.

6 Für den Grill ein etwa 20 x 30 cm großes Stück Alufolie bereitlegen. Die Ränder der Folie etwas hochfalten, so dass eine Schale entsteht. Die Folienschale gut mit Öl ausstreichen und auf den heißen Grill legen. Die Puffer darin von jeder Seite in 3–4 Minuten knusprig grillen. Kartoffel-Feta-Puffer heiß servieren.

■ Tipp:
Dazu passt ein Salat aus Tomaten, Gemüsezwiebeln, Oliven, Peperoni und Eisbergsalat, garniert mit frischen Dillstängeln.

Gegrillter Hallumi in Fladenbrottaschen

4 Portionen

Zubereitungszeit: 20 Min.
Grillzeit: etwa 5 Minuten

Pro Stück:
E: 19 g, F: 22 g, Kh: 38 g, kJ: 1781, kcal: 425

Für den Tomatensalat:
- **6 mittelgroße Tomaten**
- **1 Zwiebel**
- **1–2 EL Olivenöl**
- **1 TL Balsamico-Essig**
- **1 Prise Zucker**
- **Salz**
- **frisch gemahlener Pfeffer**
- **1–2 Stängel Basilikum**

- **1 Pck. Hallumi-Käse (250 g, halbfester Schnittkäse aus Zypern)**
- **4 kleinere ovale Fladenbrote**

1 Für den Tomatensalat Tomaten waschen, abtrocknen, halbieren und die Stängelansätze herausschneiden. Tomaten in Würfel schneiden. Zwiebel abziehen und fein würfeln. Olivenöl mit Essig verrühren, Zwiebelwürfel unterrühren und unter die Tomatenstücke geben. Tomatensalat mit Zucker, Salz und Pfeffer abschmecken.

2 Basilikumstängel abspülen, trockentupfen und die Blättchen von den Stängeln zupfen. Blättchen unter den Tomatensalat rühren.

3 Hallumi in 8 Scheiben schneiden und auf dem heißen Grillrost (evtl. mit Alufolie belegt und dünn mit Olivenöl bestrichen) von jeder Seite etwa 2 Minuten grillen. Fladenbrote ebenfalls auf den Grill legen und von jeder Seite etwa 2 Minuten grillen.

4 Fladenbrote seitlich etwa zur Hälfte einschneiden, so dass eine Tasche entsteht. Fladenbrote mit den gegrillten Hallumischeiben und dem Tomatensalat füllen und sofort servieren.

Tipp:
Statt kleiner ovaler Fladenbrote können Sie auch Weizenpitas verwenden, die Sie nach Packungsanleitung im Toaster toasten können.

Gemischte Gemüsespiesse

8 Spieße

Zubereitungszeit: 45 Min., ohne Marinierzeit
Grillzeit: Spieße etwa 10 Min., Baguette etwa 3 Minuten

Pro Portion:
E: 35 g, F: 15 g, Kh: 95 g, kJ: 2779, kcal: 664

- **8 kleine junge Fenchelknollen (etwa 500 g)**
- **Salzwasser**
- **8 kleine Tomaten (etwa 500 g)**
- **8 kleine junge Maiskolben (etwa 500 g)**
- **4 kleine Zucchini (etwa 500 g)**
- **2 EL frische gemischte Kräuter (z. B. Petersilie, Kerbel, Thymian) oder 1 Pck. TK-Gemischte Kräuter**
- **8 EL Olivenöl**

Außerdem:
- **Holz- oder Metallspieße**

Für den Kräuter-Knoblauch-Quark:
- **2 Knoblauchzehen**
- **500 g Magerquark**
- **etwas Milch**
- **1 EL frische Kräuter (z. B. Petersilie, Kerbel, Thymian) oder TK-Gemischte Kräuter**
- **Salz**
- **frisch gemahlener Pfeffer**

- **1 Baguette (500 g)**
- **50 g weiche Knoblauchbutter**

1 Von den Fenchelknollen die Stiele oberhalb der Knollen abschneiden. Braune Stellen und Blätter entfernen, Wurzelenden gerade schneiden. Knollen waschen und abtropfen lassen. Salzwasser in einem Topf zum Kochen bringen. Die Fenchelknollen darin etwa 6 Minuten garen, in ein Sieb geben, mit kaltem Wasser übergießen und abtropfen lassen.

2 Tomaten, Maiskolben und Zucchini waschen und trockentupfen. Von den Tomaten und den Maiskolben die Stängelansätze entfernen. Von den Zucchini die Enden abschneiden, die Zucchini je nach Größe halbieren oder vierteln.

3 Das vorbereitete Gemüse auf Holz-oder Metallspieße stecken und in eine flache Schale legen. Spieße mit den Kräutern bestreuen, mit Olivenöl beträufeln und zugedeckt 1–2 Stunden im Kühlschrank marinieren.

4 Für den Kräuter-Knoblauch-Quark Knoblauch abziehen und fein hacken. Quark in eine Schüssel geben und mit etwas Milch glatt rühren. Kräuter unterrühren und den Quark mit Salz und Pfeffer würzen.

5 Das Baguette längs halbieren, in Stücke schneiden und mit Knoblauchbutter bestreichen.

6 Die Spieße aus der Marinade nehmen und auf dem heißen Grill etwa 10 Minuten grillen. Anschließend die Baguettestücke mit der unbestrichenen Seite nach unten auf den Grill legen und etwa 3 Minuten grillen.

7 Die Gemüsespieße mit dem Kräuter-Knoblauch-Quark und den Baguettestücken servieren.

Tipp:
Wenn Sie keine kleinen jungen Fenchelknollen bekommen, können Sie auch 2 größere verwenden, die Sie jedoch vor dem Garen in Viertel schneiden sollten.

Kartoffeln "Surprise"

4 Portionen

Zubereitungszeit: 45 Min.
Grillzeit: etwa 10 Min.

Pro Portion:
E: 46 g, F: 4 g, Kh: 23 g, kJ: 1336, kcal: 319

- **8 große fest kochende Kartoffeln (etwa 1,2 kg)**
- **Salzwasser**

- **1 Bund Frühlingszwiebeln**
- **2 Tomaten**

- **4 Hähnchenbrustfilets (je 180 g)**
- **1 EL Olivenöl**
- **Salz**
- **frisch gemahlener Pfeffer**
- **Paprikapulver**

Zum Garnieren:
- **einige Kerbelstängel**

1 Kartoffeln waschen und evtl. mit einer Bürste abbürsten. Kartoffeln mit Salzwasser in einem Topf zum Kochen bringen und zugedeckt etwa 25 Minuten kochen. Kartoffeln abgießen, abtropfen lassen und warm stellen.

2 Frühlingszwiebeln putzen, waschen, abtropfen lassen und in Ringe schneiden. Tomaten waschen, abtrocknen, halbieren und die Stängelansätze herausschneiden. Tomaten in Spalten schneiden.

3 Hähnchenbrustfilets abspülen, trockentupfen und dünn mit Öl einstreichen. Mit Salz, Pfeffer und Paprika würzen. Die Filets auf den heißen Grill legen und unter mehrmaligem Wenden etwa 10 Minuten grillen. Die Hähnchenbrustfilets in Streifen schneiden.

4 Von den Kartoffeln je einen Deckel abschneiden. Kartoffeln mit Hilfe eines Kaffeelöffels so aushöhlen, dass ein etwa 1 cm breiter Rand stehen bleibt. Frühlingszwiebelringe, Tomatenspalten und Hähnchenstreifen in die ausgehöhlten Kartoffeln füllen.

5 Zum Garnieren Kerbel abspülen, trockentupfen und etwas kleiner zupfen, die gefüllten Kartoffeln damit garnieren, sofort servieren.

■ Tipp:
Schneiden Sie eine Rolle Kräuterbutter (125 g) in 8 Scheiben. Belegen Sie die gefüllten Kartoffeln jeweils mit einer Scheibe Kräuterbutter und legen Sie den abgeschnittenen Deckel der Kartoffel darauf. Wickeln Sie jede Kartoffel vorsichtig in einen Bogen Alufolie und geben Sie die Folienkartoffeln für etwa 15 Minuten auf den heißen Grill.

Gegrillte Früchte

8 Spieße

Zubereitungszeit: 60 Min., ohne Einweichzeit
Grillzeit: etwa 10 Min.

Pro Portion:
E: 29 g, F: 24 g, Kh: 87 g, kJ: 2947, kcal: 704

- **12 Backpflaumen (etwa 120 g)**
- **12 ungeschwefelte, getrocknete Aprikosen (etwa 120 g) oder 6 frische, nicht zu reife Aprikosen (etwa 480 g)**
- **12 Feigen (etwa 180 g)**
- **3 nicht zu reife Bananen (etwa 300 g) oder Kochbananen**
- **48 Scheiben Frühstücksspeck (Bacon)**
- **frisch gemahlener Pfeffer**

- **8 Holzspieße**

Für den Dip:
- **150 g Mango-Chutney**
- **2 Becher (je 150 g) Naturjoghurt**
- **Salz**

Für den Salat:
- **1 Kopf Eisbergsalat**
- **1 Becher (100 g) Naturjoghurt**
- **4 EL Salatmayonnaise**
- **4 EL süße Chilisauce**

1 Die getrockneten Früchte in kaltem Wasser etwa 1 Stunde einweichen. Anschließend herausnehmen und trockentupfen. Frische Aprikosen waschen, trockentupfen, halbieren und entsteinen. Bananen schälen und jede Banane in 4 gleich große Stücke schneiden.

2 Die vorbereiteten Früchte jeweils mit einer Scheibe Speck umwickeln und auf Holzspieße stecken (je Spieß 4 verschiedene Früchte). Die Spieße auf dem heißen Grill etwa 10 Minuten grillen, dabei die Spieße gelegentlich wenden. Mit Pfeffer würzen.

3 Für den Dip Mango-Chutney in eine Schüssel geben. Joghurt unterrühren. Mit Salz und Pfeffer würzen.

4 Für den Salat Eisbergsalat putzen, achteln und den Strunk entfernen. Salat in mundgerechte Stücke schneiden, waschen, gut abtropfen lassen oder in einer Salatschleuder trockenschleudern.

5 Joghurt mit Mayonnaise und Chilisauce gut verrühren, mit Salz und Pfeffer würzen. Den Salat mit der Sauce vermischen. Die gegrillten Früchte mit dem Dip und dem Salat servieren.

Beilage:
Reis oder ofenfrisches Baguette.

Party-grillen

Grillen für die große Runde.

Schweinenackensteaks (Titelrezept)

8 Portionen

Zubereitungszeit: 30 Min., ohne Marinierzeit
Grillzeit: etwa 15 Min.

Pro Portion:
E: 34 g, F: 38 g, Kh: 1 g, kJ: 2159, kcal: 516

- **8 Schweinenackensteaks (je 180 g)**

Für die Marinade:

- **4 EL Sojasauce**
- **2 TL Steak- und Grill-Gewürzsalz**
- **1 TL Currypulver**
- **8 EL Olivenöl**
- **etwas Cayennepfeffer**

1 Nackensteaks unter fließendem kalten Wasser abspülen, trockentupfen und in eine flache Schale legen.

2 Für die Marinade Sojasauce, Steak- und Grill-Gewürzsalz, Curry, Olivenöl und Cayennepfeffer verrühren. Die Nackensteaks damit bestreichen und zugedeckt einige Stunden stehen lassen.

3 Die Nackensteaks auf den heißen Grill legen und von beiden Seiten insgesamt etwa 15 Minuten grillen. Die Nackensteaks während des Grillens mit der Marinade bestreichen.

GUT VORZUBEREITEN

Schweinenackensteaks mit Kräutern und Malzbier gebeizt

Foto – 10 Portionen

Zubereitungszeit: 25 Min., ohne Marinierzeit
Grillzeit: etwa 15 Min.

Pro Portion:
E: 30 g, F: 38 g, Kh: 1 g, kJ: 2084, kcal: 497

Für die Marinade:
- **100 ml Malzbier**
- **1 EL mittelscharfer Senf**
- **6 EL Speiseöl**
- **Küchenkräuter**

- **10 Schweinenackensteaks (je 150 g)**
- **grob gemahlener, bunter Pfeffer**
- **Salz**

1 Für die Marinade Malzbier, Senf und Speiseöl gut verrühren. Küchenkräuter untermengen.

2 Steaks unter fließendem kalten Wasser abspülen, trockentupfen. Steaks von beiden Seiten mit Pfeffer bestreuen und in eine flache Schale legen. Die Steaks mit der Marinade bestreichen und mit Klarsichtfolie zugedeckt im Kühlschrank über Nacht durchziehen lassen.

3 Steaks abtropfen lassen, auf den heißen Grill legen und unter gelegentlichem Wenden etwa 15 Minuten grillen. Steaks mit Salz bestreuen.

Scharfe Meerrettichsauce

8 Portionen

Zubereitungszeit: 15 Min., ohne Durchziehzeit

Pro Portion:
E: 1 g, F: 10 g, Kh: 3 g, kJ: 465, kcal: 111

Für die Meerrettichsauce:
- **4 Frühlingszwiebeln**
- **300 g Salatmayonnaise**
- **2 Becher (je 150 g) Crème fraîche**
- **2 EL Zitronensaft**
- **4 TL geschälter, geriebener Meerrettich**
- **4 TL Worcestersauce**
- **Salz**
- **frisch gemahlener Pfeffer**
- **Zucker**

Nach Belieben zum Bestreuen:
- **Schnittlauchröllchen**
- **1 fein geschnittene Frühlingszwiebel**

1 Für die Sauce Frühlingszwiebeln putzen, waschen und sehr fein schneiden.

2 Salatmayonnaise mit Crème fraîche, Zitronensaft, Meerrettich, Worcestersauce und Frühlingszwiebeln gut verrühren. Mit Salz, Pfeffer und Zucker würzen.

3 Die Sauce etwa 30 Minuten durchziehen lassen. Nach Belieben mit Schnittlauchröllchen und Frühlingszwiebel bestreuen.

Tipp:
Die Sauce zu gegrillten Beefsteaks, Steaks oder zu Fleischspießen servieren.

Marinierte Lammkoteletts

8 Portionen

Zubereitungszeit: 35 Min., ohne Marinierzeit
Grillzeit: etwa 10 Min.

Pro Portion:
E: 18 g, F: 20 g, Kh: 0,3 g, kJ: 1168, kcal: 278

- **8 Lammkoteletts (je 100 g)**

Für die Marinade:
- **2 Knoblauchzehen**
- **4 EL Olivenöl**
- **etwas Chilipulver**
- **etwas gemahlener Kümmelsamen**
- **Salz**
- **frisch gemahlener Pfeffer**
- **1 TL Kräuter, z.B. Rosmarin, Oregano**
- **1 frischer Zweig Rosmarin**

1 Lammkoteletts unter fließendem kalten Wasser abspülen, trockentupfen und in eine Schale legen.

2 Für die Marinade Knoblauchzehen abziehen und durch eine Knoblauchpresse drücken. Knoblauch mit Olivenöl, Chili, Kümmel, Salz, Pfeffer und Küchenkräutern gut verrühren. Die Lammkoteletts mit der Marinade bestreichen.

3 Rosmarinzweig abspülen, trockentupfen. Die Nadeln von den Stängeln zupfen und auf die Lammkoteletts streuen, zugedeckt am besten über Nacht kalt stellen.

4 Die Koteletts auf den heißen Grillrost legen und unter mehrmaligem Wenden etwa 10 Minuten grillen.

Beilage:
Halbierte Ofenkartoffeln.

Tsatsiki

8 Portionen

Zubereitungszeit: 25 Min., ohne Durchziehzeit

Pro Portion:
E: 3 g, F: 3 g, Kh: 4 g, kJ: 228, kcal: 55

- **600 g Naturjoghurt**
- **Salz**
- **frisch gemahlener, weißer Pfeffer**
- **5 Knoblauchzehen**
- **200 g geraspelte Salatgurke**

1 Ein Küchensieb mit Küchenkrepp auslegen. Joghurt hineingeben und mehrere Stunden darin abtropfen lassen.

2 Joghurt in eine Schüssel geben. Mit Salz und Pfeffer würzen. Knoblauch abziehen und durch eine Knoblauchpresse drücken, zusammen mit der geraspelten Salatgurke unterrühren. Tsatsiki eine Zeit lang durchziehen lassen.

Tipp:
Nach Belieben 1 Esslöffel Olivenöl unterrühren.

Lammsteaks mit Harissa

8 Portionen

Zubereitungszeit: 35 Min., ohne Marinierzeit
Grillzeit: etwa 12 Min.

Pro Portion:
E: 18 g, F: 11 g, Kh: 1 g, kJ: 815, kcal: 194

- **8 Lammsteaks aus der Keule (je etwa 180 g)**

Für die Marinade:
- **8 geh. TL Harissa (afrikanische Gewürzpaste)**
- **8 EL Sesamöl**
- **Pfeffer**
- **1 frischer Rosmarinzweig**

1 Lammsteaks unter fließendem kalten Wasser abspülen, trockentupfen und waagerecht einmal durchschneiden. Lammsteaks in eine flache Schale legen.

2 Für die Marinade Harissa, Sesamöl und Pfeffer verrühren. Rosmarin abspülen, trockentupfen. Die Nadeln von den Stängeln zupfen und unterrühren.

3 Die Lammsteaks damit bestreichen und zugedeckt einige Stunden, am besten über Nacht stehen lassen.

4 Die Lammsteaks auf den heißen Grill legen und unter mehrmaligem Wenden etwa 12 Minuten grillen.

Beilage:
Scharfe Tomatensauce oder Tsatsiki.

Gefüllte Folienkartoffeln

8–10 Portionen

Zubereitungszeit: 50 Min.
Grillzeit: etwa 40 Min.

Pro Portion:
E: 6 g, F: 23 g, Kh: 35 g, kJ: 1594, kcal: 380

- **8–10 große Kartoffeln (je etwa 160 g)**
- **2 große Möhren (je etwa 150 g)**
- **80 g Alfalfa-Sprossen**
- **400 g Schmand**

- **140 g Kräuterbutter**

Außerdem:
- **Alufolie**

1 Die Kartoffeln gründlich waschen und bürsten. Kartoffeln einzeln in Alufolie wickeln.

2 Die Kartoffeln auf den heißen Grill legen und unter gelegentlichem Wenden etwa 40 Minuten grillen.

3 Die Möhren putzen, schälen, waschen und grob raspeln. Sprossen waschen und in einem Sieb abtropfen lassen. Den Schmand glatt rühren.

4 Kartoffeln aus der Alufolie nehmen, aufbrechen und jeweils 2 Esslöffel von dem Schmand hineingeben. Möhrenraspel und Alfalfa-Sprossen darauf streuen. Die Kräuterbutter mit einem Buntmesser in 8 Scheiben schneiden und jeweils 2 Scheiben auf je 1 gefüllte Kartoffel legen.

Beilage:
Frischer Salat und Gemüse.

Tipp:
Schneller geht es, wenn die Kartoffeln in kochendem Salzwasser etwa 20 Minuten vorgegart werden. Dann Kartoffeln abgießen, trockentupfen, in Alufolie wickeln und etwa 20 Minuten grillen.

Putensteaks mit frischer, gegrillter Ananas

10 Portionen

Zubereitungszeit: 45 Min., ohne Marinierzeit
Grillzeit: 10–15 Min.

Pro Portion:
E: 47 g, F: 7 g, Kh: 14 g, kJ: 1418, kcal: 339

Für die Marinade:

- **4 EL Sojasauce**
- **1 EL brauner Zucker oder Streuzucker**
- **4 EL Speiseöl**

- **10 Putensteaks (je etwa 130–150 g)**
- **10 Scheiben frische Ananas (je etwa 80 g)**
- **frisch gemahlener, grober, bunter Pfeffer**

1 Für die Marinade Sojasauce mit Zucker und Speiseöl so lange verrühren, bis der Zucker aufgelöst ist.

2 Putensteaks unter fließendem kalten Wasser abspülen und trockentupfen. Putensteaks und Ananasscheiben in eine flache Schale legen und mit Pfeffer bestreuen. Die Marinade mit einem Pinsel gleichmäßig darauf streichen. Die Putensteaks und Ananasscheiben mit Klarsichtfolie zugedeckt im Kühlschrank über Nacht durchziehen lassen. Evtl. die Putensteaks und Ananasscheiben nach einigen Stunden wenden.

3 Die Putensteaks und Ananasscheiben auf den heißen Grill legen und unter mehrmaligem Wenden 10–15 Minuten grillen.

■ Tipp:
Zu diesem Gericht passt ein Reissalat, der mit Curry-Mayonnaise, Salz und Pfeffer gewürzt und mit Rosinen angereichert wurde.

Hähnchenbrustfilet, gegrillt nach Mediterraner Art

10 Portionen

Zubereitungszeit:
etwa 45 Min.
Grillzeit: 10–15 Min.

Pro Portion:
E: 47 g, F: 11 g, Kh: 1 g, kJ: 1210, kcal: 289

Für die Marinade:
- **1 kleiner Topf frisches Basilikum**
- **1 Glas grüne Oliven, ohne Stein (Abtropfgewicht 90 g)**
- **6 Sardellenfilets**
- **1 kleine, getrocknete Peperoni**
- **6 EL Olivenöl**

- **10 Hähnchenbrustfilets (je 130–150 g)**

Zum Bestreuen:
- **frisch gemahlener, bunter Pfeffer**

1 Für die Marinade Basilikum waschen und trockentupfen. Die Blättchen von den Stängeln zupfen.

2 Oliven in einem Sieb abtropfen lassen. Oliven, Sardellenfilets und Peperoni fein hacken und in eine Schüssel geben. Olivenöl und Basilikumblättchen hinzufügen. Die Zutaten gut miteinander verrühren.

3 Hähnchenbrustfilets unter fließendem kalten Wasser abspülen, trockentupfen und auf den heißen Grillrost legen und von beiden Seiten 10–15 Minuten grillen.

4 Die Hähnchenbrustfilets mit Pfeffer bestreuen und die Oberseite mit der Marinade bestreichen.

Glasierte Hähnchenflügel

Foto oben – 8 Portionen
Zubereitungszeit: 30 Min., ohne Marinierzeit
Grillzeit: 15–20 Min.

Pro Portion:
E: 20 g, F: 12 g, Kh: 7 g, kJ: 891, kcal: 213

- **etwa 40 Stck. Hähnchenflügel**

Für die Marinade:

- **4 TL Sojasauce**
- **4 EL flüssiger Honig**
- **1 TL gemahlener Ingwer**
- **2 TL Chili-Pfeffer**
- **Salz**
- **Pfeffer**
- **gemahlener Koriander**
- **etwas Weißwein-Essig oder Zitronensaft**

Außerdem:

- **Alu-Grillschalen**

1 Hähnchenflügel unter fließendem kalten Wasser abspülen, trockentupfen und in eine flache Schale legen.

2 Für die Marinade Sojasauce, Honig, Ingwer, Chili-Pfeffer, Salz, Pfeffer, Koriander und Essig oder Zitronensaft gut verrühren. Die Hähnchenflügel damit bestreichen und etwas durchziehen lassen.

3 Die Hähnchenflügel in die Grillschalen legen und auf dem heißen Grill unter mehrmaligem Wenden 15–20 Minuten grillen. Die Hähnchenflügel während des Grillens häufig mit der Marinade bestreichen.

Hähnchenkeulen, feurig

Foto unten – 8 Portionen
Zubereitungszeit: 35 Min., ohne Marinier- und Ruhezeit
Grillzeit: etwa 30 Min.

Pro Portion:
E: 33 g, F: 29 g, Kh: 3 g, kJ: 1707, kcal: 408

- **8 Hähnchenkeulen (je 180 g)**

Für die Marinade:

- **12 EL Thai-Chilisauce, scharf und süß**
- **2 TL Rosmarinnadeln**
- **etwas gemahlener Ingwer**

Außerdem:

- **Alufolie**

1 Hähnchenkeulen unter fließendem kalten Wasser abspülen, trockentupfen und in eine flache Schale legen.

2 Für die Marinade Chilisauce mit Rosmarinnadeln und Ingwer verrühren. Hähnchenkeulen damit bestreichen. Zugedeckt 2–3 Stunden durchziehen lassen.

3 Jeweils 1 Hähnchenkeule auf je ein Stück Alufolie legen. Hähnchenkeule mit etwas von der Marinade übergießen und in der Alufolie einpacken.

4 Die Hähnchenkeulen-Päckchen auf den heißen Grill legen und unter gelegentlichem Wenden etwa 30 Minuten grillen. Die Hähnchenkeulen in der Alufolie eine Zeit lang ruhen lassen. Dann die Folie öffnen und die Hähnchenkeulen herausnehmen.

- **Beilage:**

Fladenbrot und Eisbergsalat.

Hähnchenbrustfilet in Joghurt-Marinade

8 Portionen

Zubereitungszeit: 45 Min., ohne Marinierzeit
Grillzeit: 15–20 Min.

Pro Portion:
E: 1 g, F: 1 g, Kh: 2 g, kJ: 86, kcal: 21

- **8 kleine Hähnchenbrustfilets**

Für die Joghurt-Marinade:
- **1 Becher (150 g) Naturjoghurt**
- **Salz**
- **frisch gemahlener Pfeffer**
- **etwas gemahlener Koriander**
- **1 TL Currypulver**
- **2 Knoblauchzehen**
- **2 rote Chilischoten**
- **1 EL Reiswein**

Außerdem:
- **Alu-Grillschale**

1 Hähnchenbrustfilets unter fließendem kalten Wasser abspülen, trockentupfen und in eine flache Schale legen.

2 Für die Marinade Joghurt mit Salz, Pfeffer, Koriander und Curry verrühren. Knoblauch abziehen und durch eine Knoblauchpresse drücken. Chilischoten putzen, halbieren, entkernen und in Streifen schneiden. Chilistreifen, Knoblauch und Reiswein unter den Joghurt rühren.

3 Die Hähnchenbrustfilets mit der Marinade bestreichen und zugedeckt über Nacht kalt stellen.

4 Die Hähnchenbrustfilets aus der Schale nehmen und in eine Grillschale legen. Die Grillschale auf den heißen Grill stellen. Die Hähnchenbrustfilets unter mehrmaligem Wenden 15–20 Minuten grillen.

Beilage:
Ofenkartoffeln, Curry- oder Chilisauce.

Langostinos mit Sherrysauce

8 Portionen

Zubereitungszeit: 50 Min.
Grillzeit: etwa 8 Min.

Pro Portion:
E: 89 g, F: 9 g, Kh: 2 g, kJ: 569, kcal: 136

- **500 g frische Langostinos mit Schale oder 350 g TK-Langostinos**

Für die Sherrysauce:
- **125 ml (1/8 l) Schlagsahne**
- **1 geh. TL Sahnesteif**
- **2 geh. EL Mayonnaise (aus der Tube)**
- **3 EL Sherry**
- **Salz**
- **frisch gemahlener Pfeffer**
- **Zucker**
- **Zitronensaft**

- **30 g weiche Butter**

1 Das Fleisch der frischen Langostinos auslösen (Darm herausziehen), unter fließendem kalten Wasser abspülen und trockentupfen. TK-Langostinos nach Packungsanleitung auftauen und trockentupfen.

2 Für die Sauce Sahne mit Sahnesteif steif schlagen. Mayonnaise und Sherry vorsichtig unterschlagen. Die Sauce mit Salz, Pfeffer, Zucker und Zitronensaft würzen.

3 Die Langostinos auf den heißen, mit Alufolie belegten Grill legen. Langostinos mit der Hälfte der Butter bestreichen und unter mehrmaligem Wenden etwa 8 Minuten grillen. Die Langostinos nach etwa 2½ Minuten Grillzeit mit der restlichen Butter bestreichen.

4 Die Langostinos mit der Sauce servieren.

Garnelen am Spiess

10 Spieße

Zubereitungszeit: 80 Min., ohne Auftau- und Durchziehzeit
Grillzeit: 8–10 Min.

Pro Portion:
E: 23 g, F: 99 g, Kh: 8 g, kJ: 4417, kcal: 1055

- **50 TK-Garnelen ohne Schale, mittlere Größe (3 Pck. je 200 g)**
- **10 kleine Schalotten**
- **10 Frühlingszwiebeln (2 Bund je 120 g)**
- **30 Scheiben Frühstücksspeck (je 20 g)**
- **frisch gemahlener, grober, bunter Pfeffer**
- **6 EL Olivenöl**

Für den Dip:
- **400 g Mayonnaise**
- **2 EL mittelscharfer Senf**
- **Salz**
- **frisch gemahlener Pfeffer**
- **6 Knoblauchzehen**

Außerdem:
- **10 Holz- oder Metallspieße**

1 Garnelen nach Packungsanleitung auftauen lassen, evtl. den Darm entfernen. Garnelen waschen und trockentupfen.

2 Schalotten abziehen und längs halbieren. Frühlingszwiebeln putzen, waschen, in dünne Ringe schneiden und beiseite stellen. Den weißen Teil in etwa 3 cm lange Stücke schneiden.

3 Den Frühstücksspeck zu Röllchen drehen.

4 Abwechselnd Garnelen, Schalotten, Frühlingszwiebelstücke (weißer Teil) und Speckröllchen auf Holz- oder Metallspieße stecken (je Spieß 5 Garnelen, 2 halbe Schalotten, 3 Zwiebelstückchen, 3 Speckröllchen).

5 Die Spieße in eine flache Schale legen, mit buntem Pfeffer würzen und mit Öl beträufeln.

6 Für den Dip Mayonnaise und Senf verrühren. Mit Salz und Pfeffer würzen. Knoblauch abziehen und durch eine Knoblauchpresse drücken. Knoblauch und das beiseite gestellte Frühlingszwiebelgrün unterrühren.

7 Die Garnelenspieße auf dem heißen Grill unter gelegentlichem Wenden 8–10 Minuten grillen.

8 Die Garnelenspieße mit dem Dip servieren.

- **Beilage:**

Baguette.

Gegrillte Kabeljaufilet-Stücke

10 Portionen

Zubereitungszeit: 60 Min., ohne Auftau- und Durchziehzeit
Grillzeit: 10–12 Min.

Pro Portion:
E: 36 g, F: 5 g, Kh: 1 g, kJ: 979, kcal: 234

- **4 Pck. TK-Kabeljaufilet (je Pck. 400 g)**
- **300 ml trockener Weißwein, z.B. Riesling**
- **2 Pck. TK-Kräuter der Provence**
- **3 EL Pflanzenöl**
- **Saft von 1 Zitrone**
- **Salz**
- **frisch gemahlener Pfeffer**

Außerdem:
- **10 Bögen Alufolie**

1 Kabeljaufilet nach Packungsanleitung auftauen lassen. Filets unter fließendem kalten Wasser abspülen und trockentupfen.

2 Weißwein mit Kräutern und Pflanzenöl mischen, in einem Topf zum Kochen bringen und erkalten lassen.

3 Kabeljaufilets in eine flache Schale legen. Den Weißweinsud mit Zitronensaft, Salz und Pfeffer würzen. Den Sud auf den Fischfiletstücken verteilen und zugedeckt im Kühlschrank durchziehen lassen.

4 Die Fischfiletstücke aus dem Sud nehmen. Je ein Stück Fischfilet in je einen Bogen Alufolie wickeln. Die Fischpäckchen auf den heißen Grill legen und 10–12 Minuten grillen.

5 Restlichen Sud in einen kleinen Topf geben, zum Kochen bringen und etwa um die Hälfte einkochen lassen. Den gegrillten Fisch damit beträufeln.

■ Beilage:
Kartoffelsalat mit Radieschen und Schnittlauch.

Scharfe Senf-Dill-Sauce

10 Portionen

Zubereitungszeit: 10 Min.

Pro Portion:
E: 3 g, F: 1 g, Kh: 17 g, kJ: 369 , kcal: 88

- **12 EL mittelscharfer Senf**
- **8 EL flüssiger Honig**
- **6 EL Sojasauce**
- **3–4 EL frischer, gehackter Dill**
- **etwas Zucker**

1 Senf mit Honig, Sojasauce, Dill und Zucker verrühren.

■ Tipp:
Senf-Dill-Sauce passt besonders gut zu gegrilltem und gebratenem Fischfilet und Meeresfrüchten sowie zu Graved Lachs.

Lachsschnitten mit Dill und Gurken-Tomaten-Salat

10 Portionen

Zubereitungszeit: 65 Min., ohne Antau- und Durchziehzeit
Grillzeit: etwa 15 Min.

Pro Portion:
E: 31 g, F: 11 g, Kh: 4 g, kJ: 1868, kcal: 447

Zum Vorbereiten:
- **10 Bögen Alufolie**
- **2 EL Speiseöl**

- **5 Pck. TK-Lachsfilet (je 250 g, 2 Filets je Pck.)**
- **Salz**
- **frisch gemahlener Pfeffer**
- **2 Pck. gehackter TK-Dill**
- **1 Zitrone (unbehandelt)**

Für den Gurken-Tomaten-Salat:
- **5 Tomaten (etwa 700 g)**
- **1 Salatgurke (etwa 800 g)**
- **3–4 EL Kräuteressig**
- **5 EL Pflanzenöl**
- **Salz**
- **frisch gemahlener Pfeffer**

1 Zum Vorbereiten Alufolie auf einer Seite mit Öl bestreichen.

2 Lachsfilets antauen lassen.

3 Lachsfilets salzen und pfeffern. Je ein Stück Lachsfilet auf je einen gefetteten Bogen Alufolie legen.

4 Lachsfilets mit zwei Drittel von dem Dill bestreuen. Zitrone abwaschen, trockentupfen und in Scheiben schneiden. Jedes Lachsfiletstück mit je einer Zitronenscheibe belegen, in der Alufolie einpacken.

5 Für den Salat Tomaten waschen, abtrocknen, die Stängelansätze herausschneiden. Tomaten vierteln. Gurke schälen, in dünne Scheiben schneiden oder hobeln. Essig mit Öl verrühren, mit Salz und Pfeffer würzen. Die Gurkenscheiben und Tomatenviertel mit der Marinade vermischen und mit dem restlichen Dill bestreuen. Den Salat zugedeckt im Kühlschrank etwa 1 Stunde durchziehen lassen.

6 Die Lachsfilet-Päckchen auf den heißen Grill legen und unter gelegentlichem Wenden etwa 15 Minuten grillen.

Heilbutt mit Gemüse, in Folie

8 Portionen

Zubereitungszeit: 55 Min.
Grillzeit: etwa 25 Min.

Pro Portion:
E: 52 g, F: 18 g, Kh: 5 g,
kJ: 1788, kcal: 426

- **8 Stck. (je 250 g) frische Heilbuttfilets**

- **500 g Möhren**
- **300 g Knollensellerie**
- **2 Stangen Porree (Lauch)**
- **120 g Butter**
- **1 TL Salz**
- **etwas Zitronensaft und -schale**
- **frisch gemahlener Pfeffer**

Außerdem:
- **8 Bögen Alufolie**

1 Heilbuttfilets kurz unter fließendem kalten Wasser abspülen und trockentupfen.

2 Möhren und Sellerie putzen, schälen und in sehr kleine Würfel schneiden. Porree putzen, die Stangen längs halbieren, gut waschen und in Streifen schneiden.

3 Butter in einem Topf zerlassen. Möhren-, Selleriewürfel und Porreestreifen darin andünsten. Mit Salz, Zitronensaft und -schale würzen.

4 Jeweils etwas von dem Gemüse auf je ein Stück Alufolie geben. Je ein Stück Heilbuttfilet darauf legen. Mit Salz und Pfeffer bestreuen. Heilbuttfilet und Gemüse in der Alufolie fest verschließen.

5 Die Gemüse-Heilbuttfilet-Päckchen auf den heißen Grill legen und etwa 25 Minuten grillen.

6 Die Heilbutt-Päckchen öffnen und in der Folie servieren.

Tunfischsteaks in Kräutern und Knoblauch

8–10 Portionen

Zubereitungszeit: 40 Min., ohne Auftau- und Durchziehzeit
Grillzeit: etwa 15 Min.

Pro Portion:
E: 34 g, F: 20 g, Kh: 1 g, kJ: 1460, kcal: 349

Zum Vorbereiten:
- **8–10 Bögen Alufolie**
- **3 EL Speiseöl**

- **8–10 Tunfischsteaks (je etwa 130 g)**
- **1 Pck. TK-Kräuter der Provence**
- **4–5 Knoblauchzehen**

Zum Bestreuen:
- **Salz**
- **frisch gemahlener, grober, bunter Pfeffer**

1 Zum Vorbereiten Alufolie auf einer Seite mit Speiseöl bestreichen.

2 Tunfischsteaks unter fließendem kalten Wasser abspülen und trockentupfen.

3 Kräuter der Provence auftauen lassen. Knoblauchzehen abziehen, durch eine Knoblauchpresse drücken und mit den Kräutern mischen.

4 Je ein Tunfischsteak auf je ein mit Speiseöl bestrichenes Stück Alufolie legen. Die Tunfischsteaks mit dem Kräutergemisch bestreichen, mit Salz und Pfeffer bestreuen. Jedes Tunfischsteak in der Alufolie zu einem Päckchen einpacken und im Kühlschrank über Nacht durchziehen lassen.

5 Die Tunfischsteak-Päckchen auf den heißen Grill legen und unter gelegentlichem Wenden etwa 15 Minuten grillen.

■ Beilage:
Ein bunt gemischter Salat aus Paprikaschoten- und Zucchiniwürfeln, Tomaten- und Olivenscheiben in Essig-Öl-Dressing. Baguette oder andere Brotsorten.

Fisch-Mixed-Grill

10 Portionen

Zubereitungszeit: 65 Min., ohne Auftauzeit
Grillzeit: 10–15 Min., je nach Fischsorte

Pro Portion:
E: 45 g, F: 38 g, Kh: 6 g, kJ: 2875, kcal: 688

- **6 TK-Lachsfilet (3 Pck. je 250 g)**
- **600 g TK-Zanderfilet (je Portion etwa 60 g)**
- **5 küchenfertige TK-Rotbarben (2 Pck. je 300 g)**
- **10 TK-Jacobsmuscheln (je 20–30 g)**
- **1 Stck. Ingwerwurzel (etwa 60 g)**
- **Saft von 2 Zitronen**
- **Salz**
- **grob gemahlener, bunter Pfeffer**
- **6 EL Olivenöl**
- **10 mittelgroße Tomaten**

Für die Meerrettichbutter:
- **250 g weiche Butter**
- **50 g geriebener Meerrettich**

1 Lachsfilet, Zanderfilet, Rotbarben und Muscheln nach Packungsanleitung auftauen lassen. Die Fischsorten unter fließendem kalten Wasser abspülen und trockentupfen. Lachsfilets halbieren.

2 Ingwerwurzel schälen, in hauchdünne Scheiben schneiden oder auf einer Küchenreibe klein raspeln.

3 Alle Fischsorten und Muscheln mit Zitronensaft, Ingwer, Salz und Pfeffer würzen, mit Öl bestreichen.

4 Tomaten waschen, abtrocknen, die Stängelansätze herausschneiden. Tomaten an der Oberseite mit einem scharfen Messer einritzen. Mit Salz und Pfeffer bestreuen.

5 Für die Meerrettichbutter Butter und Meerrettich verrühren und kalt stellen.

6 Die einzelnen Fischsorten und Muscheln auf dem heißen Grill unter gelegentlichem Wenden 10–15 Minuten (je nach Fischsorte) grillen. Die vorbereiteten Tomaten ebenfalls auf den heißen Grill legen und 5–10 Minuten grillen.

7 Die Meerrettichbutter zum Fisch reichen.

Beilage:
Verschiedene Salate und Brot.

Makrelen auf Mittelmeerart

8 Portionen

Zubereitungszeit: 55 Min.
Grillzeit: etwa 30 Min.

Pro Portion:
E: 68 g, F: 45 g, Kh: 3 g,
kJ: 3147, kcal: 752

- **8 küchenfertige Makrelen (je 350 g)**
- **Salz, Pfeffer**

Für die Füllung:
- **6 Fleischtomaten**
- **30 schwarze, entsteinte Oliven**
- **getrockneter Oregano**
- **2 Bund glatte Petersilie**

Außerdem:
- **Alufolie**

1 Makrelen innen und außen unter fließendem kalten Wasser abspülen, trockentupfen. Makrelen mit Salz und Pfeffer bestreuen.

2 Für die Füllung Tomaten kreuzweise einschneiden und einige Sekunden in kochendes Wasser legen. Tomaten kurz in kaltes Wasser legen, enthäuten, halbieren, entkernen, Stängelansätze herausschneiden. Fruchtfleisch in Würfel schneiden.

3 Oliven vierteln, mit Oregano zu den Tomatenwürfeln geben. Petersilie abspülen, trockentupfen, die Blättchen fein hacken und untermengen. Jeweils etwas von der Füllung in je 1 Makrele geben. Jeweils 1 gefüllte Makrele auf je ein Stück Alufolie legen und fest verschließen.

4 Die Makrelen in der Folie auf den heißen Grill legen und unter gelegentlichem Wenden etwa 30 Minuten grillen.

Tomatensauce provenzalisch

10 Portionen

Zubereitungszeit: 45 Min.

Pro Portion:
E: 3 g, F: 32 g, Kh: 8 g,
kJ: 1437, kcal: 344

Für die Tomatensauce:
- **1 kg Tomaten**
- **1 Knoblauchzehe**
- **125 ml (1/8 l) Olivenöl**
- **½ TL Zucker**
- **2 TL Kräuter der Provence**
- **Salz**
- **Pfeffer**
- **Zitronensaft**
- **etwas Zucker**
- **1 EL fein gehacktes Basilikum**
- **1 EL fein gehackte Petersilie**

1 Für die Sauce Tomaten kreuzweise einschneiden und einige Sekunden in kochendes Wasser legen. Tomaten in kaltem Wasser abschrecken, enthäuten, Stängelansätze herausschneiden, Tomaten vierteln und entkernen. Knoblauch abziehen, zerdrücken.

2 Olivenöl in einer Pfanne erhitzen, Tomatenviertel und Knoblauch darin andünsten. Zucker und Kräuter der Provence hinzufügen, zugedeckt etwa 15 Minuten dünsten. Sauce mit einem Pürierstab pürieren.

3 Sauce mit Salz, Pfeffer, Zitronensaft und Zucker würzen. Kräuter unterrühren.

Tipp:
Zu gegrilltem oder gedünstetem Fisch oder zu Fleischspießen reichen.

Gegrilltes, buntes Paprikagemüse

10 Portionen

Zubereitungszeit: 65 Min., ohne Durchziehzeit
Grillzeit: 10–12 Min.

Pro Portion:
E: 4 g, F: 29 g, Kh: 11 g, kJ: 1387, kcal: 330

- **10 kleine, gelbe Paprikaschoten**
- **10 kleine, rote Paprikaschoten**
- **10 kleine, grüne Paprikaschoten**
- **10 kleine, orangefarbene Paprikaschoten**

Für die Marinade:
- **6 Knoblauchzehen**
- **1 EL grüne Pfefferkörner in Lake (20 g)**
- **250 ml (¼ l) Olivenöl**

Zum Bestreuen:
- **Salz**

Außerdem:
- **20 Holz- oder Metallspieße**

1 Die Paprikaschoten halbieren und entkernen. Die weißen Scheidewände entfernen, Schoten waschen und in Viertel schneiden.

2 Wasser in einem großen Topf zum Kochen bringen. Die Paprikaviertel portionsweise darin blanchieren (Blanchierzeit je Vorgang etwa 3 Minuten). Anschließend herausnehmen und mit kaltem Wasser übergießen. Paprikaviertel in einem Sieb gut abtropfen lassen.

3 Paprikaviertel in bunter Reihenfolge auf 20 Holz- oder Metallspieße verteilen (6 Paprikaviertel je Spieß).

4 Für die Marinade Knoblauch abziehen und in dünne Scheiben schneiden. Pfefferkörner mit der flachen Seite des Messers leicht zerdrücken. Pfefferkörner und Knoblauchscheiben mit dem Öl verrühren.

5 Die Paprikaspieße in eine flache Schale legen und mit der Marinade übergießen. Mit Klarsichtfolie zugedeckt im Kühlschrank aufbewahren.

6 Die Paprikaspieße abtropfen lassen, auf den heißen Grill legen und unter mehrmaligem Wenden 10–12 Minuten grillen. Paprikaspieße mit Salz bestreuen.

■ **Beilage:**
Verschiedene Brotsorten.

■ **Tipp:**
Servieren Sie die Paprikaspieße mit verschiedenen Dips, z. B. Quark mit frisch gehackten Kräutern oder mit einer leichten Mayonnaise mit Knoblauch gewürzt oder mit einem fruchtigen Tomatenketchup mit Tomatenwürfeln und grünen Pfefferkörnern.

Auberginen mit eingelegten Limetten

10 Portionen

Zubereitungszeit: 50 Min., ohne Durchziehzeit
Grillzeit: etwa 4 Min.

Pro Portion:
E: 4 g, F: 38 g, Kh: 13 g, kJ: 1786, kcal: 427

Für die eingelegten Limetten:
- **5 Limetten (unbehandelt)**
- **1 EL Meersalz**
- **150 ml Olivenöl**

- **5 Knoblauchzehen**
- **150 ml Olivenöl**
- **10 mittelgroße Auberginen (je etwa 300 g)**
- **Salz**
- **frisch gemahlener, grober, bunter Pfeffer**
- **2 Bund Schnittlauch**

1 Für die eingelegten Limetten Limetten waschen, trockentupfen und in dünne Scheiben schneiden. Limettenscheiben mit Salz bestreuen, in ein Glas schichten und mit Olivenöl begießen, so dass die Limettenscheiben bedeckt sind. Limettenscheiben mit Klarsichtfolie zudecken und mindestens 24 Stunden kalt stellen.

2 Knoblauch abziehen, durch eine Knoblauchpresse drücken, mit Olivenöl verrühren.

3 Auberginen waschen, die Stängelansätze abschneiden. Auberginen in Scheiben schneiden und mit Salz und Pfeffer bestreuen. Auberginenscheiben in eine flache Schale legen und mit dem Knoblauchöl übergießen. Auberginenscheiben mit Klarsichtfolie zudecken und kalt stellen.

4 Schnittlauch waschen, trockenschütteln und in Röllchen schneiden.

5 Die Auberginenscheiben auf dem heißen Grill von jeder Seite etwa 2 Minuten grillen. Auberginenscheiben mit den eingelegten Limettenscheiben und Schnittlauchröllchen garnieren.

Beilage:
Eingelegter Feta-Käse oder Mozzarellascheiben. Frisches Weißbrot.

Tipp:
Die Auberginen schmecken auch sehr gut zu gegrilltem Lammfleisch oder Fisch. Limettenscheiben schon einige Tage vor dem Verzehr in Olivenöl einlegen.

Gegrillte Austernpilze

20 Spieße

Zubereitungszeit: 85 Min., ohne Durchziehzeit
Grillzeit:
Spieße etwa 10 Min.,
Pilze 8–10 Min.

Pro Portion:
E: 10 g, F: 61 g, Kh: 9 g, kJ: 2907, kcal: 694

- **1800 g große Austernpilze**
- **2 Bund Frühlingszwiebeln (etwa 12 Stck.)**
- **20 dünne Scheiben Frühstücksspeck, z. B. Bacon**
- **1 Pck. TK-Kräuter der Provence**
- **8 EL Speiseöl**
- **Salz**
- **frisch gemahlener, grober, bunter Pfeffer**

Außerdem:
- **Holz- oder Metallspieße**

1 Austernpilze verlesen, mit Küchenpapier abreiben, evtl. abspülen und trockentupfen. Die Stiele abschneiden, große Austernpilze halbieren.

2 Frühlingszwiebeln putzen, waschen und trockentupfen. Die Frühlingszwiebeln (Knolle entfernen) halbieren und mit je 1 Scheibe Frühstücksspeck umwickeln und auf Holz- oder Metallspieße stecken.

3 Kräuter der Provence mit Speiseöl verrühren.

4 Austernpilze und Zwiebel-Speck-Spieße in eine flache Schale oder Fettfangschale legen, mit Salz und Pfeffer bestreuen und mit dem Kräuteröl beträufeln. Spieße und Pilze mit Klarsichtfolie zudecken und etwa 1 Stunde durchziehen lassen.

5 Die Spieße auf den heißen Grill legen und etwa 10 Minuten grillen. Austernpilze in eine Grillschale legen und ebenfalls 8–10 Minuten grillen.

Beilage:
Verschiedene Salate, verschiedene Brotsorten, gegrilltes Geflügelfleisch.

Kapitelregister

Fleisch und Geflügel

Fisch und Krustentiere

Gemüse und Obst

Partygrillen

Alphabetisches Register

Hinweis: Wenn Sie Anregungen, Vorschläge oder Fragen haben, rufen Sie unter folgenden Nummern an: 05 21/1 55 25 80 oder 0521/52 06 58 oder schreiben Sie an:
Dr. Oetker Verlag KG, Redaktion Sonderprojekte,
Am Bach 11, 33602 Bielefeld

3. Auflage

Genehmigte Lizenzausgabe für den Wilhelm Heyne Verlag, München, in der Verlagsgruppe Random House GmbH.
www.heyne.de
Printed in Germany 2007

Redaktion: Jasmin Gromzik, Miriam Krampitz

Titelfoto: Thomas Diercks, Hamburg

Innenfotos: Thomas Diercks, Hamburg (S. 13, 19–43, 47, 49, 53, 65–73, 79–85, 91, 93, 99, 107–155)
Ulli Hartmann, Bielefeld (S. 55, 57)
Ulrich Kopp, Füssen (S. 59)
Herbert Maass, Hamburg (S. 61)
Christiane Pries, Borgholzhausen (S. 75)
Norbert Toelle, Bielefeld, (S. 77)
Brigitte Wegner, Bielefeld (S. 9, 11, 15, 17, 45, 51, 63, 87, 89, 95, 97, 101–105,)

Grafisches Konzept: Björn Carstensen, Hamburg
Umschlaggestaltung: kontur:design GmbH, Bielefeld
Gestaltung: M•D•H Haselhorst, Bielefeld

Druck und Bindung: Offizin Andersen Nexö, Leipzig

ISBN: 978-3-453-85500-7